GERHARD OBERHAMMER

MATERIALIEN ZUR GESCHICHTE DER RĀMĀNUJA-SCHULE VI

ÖSTERREICHISCHE AKADEMIE DER WISSENSCHAFTEN
PHILOSOPHISCH-HISTORISCHE KLASSE
SITZUNGSBERICHTE, 696. BAND

Veröffentlichungen zu den Sprachen und Kulturen Südasiens
Heft 35

MATERIALIEN ZUR GESCHICHTE DER RĀMĀNUJA-SCHULE

VI

VERLAG DER
ÖSTERREICHISCHEN AKADEMIE DER WISSENSCHAFTEN
WIEN 2002

ÖSTERREICHISCHE AKADEMIE DER WISSENSCHAFTEN
PHILOSOPHISCH-HISTORISCHE KLASSE
SITZUNGSBERICHTE, 696. BAND

GERHARD OBERHAMMER

DIE LEHRE VON DER GÖTTIN VOR VEṄKAṬANĀTHA

VERLAG DER
ÖSTERREICHISCHEN AKADEMIE DER WISSENSCHAFTEN

WIEN 2002

Vorgelegt von w. M. GERHARD OBERHAMMER
in der Sitzung am 22. März 2002

Die Deutsche Bibliothek – CIP-Einheitsaufnahme

Ein Titeldatensatz für diese Publikation ist bei Der Deutschen Bibliothek erhältlich

Umschlagbild:

Dreiköpfiger, vierarmiger Viṣṇu, Bronze-Statuette (48,5 cm Gesamthöhe), Nordwestindien/Kaśmir, Mitte 7. Jh. n. Chr.; Museum für Indische Kunst Berlin, Staatliche Museen Preußischer Kulturbesitz, IC 43411

ISBN 3-7001-3079-1

Druck: Ferdinand Berger & Söhne GesmbH., A-3580 Horn

INHALT

AhirS	Ahirbudhnya-Saṃhitā of the Pāñcarātrāgama. Ed. by M.D. RAMANUJACHARYA under the Supervision of F. OTTO SCHRADER. Revised by V. KRISHNAMACHARYA. 2 vols. (The Adyar Library Series 4). Madras 1986 (repr.).
BhBrSūBh	Brahmasūtrabhāṣyam des Bhāskara: Brahmasūtra with A Commentary by Bhāskarāchārya ed. by VINDHYESVARI PRASADA DVIVEDIN. (Chowkhambha Sanskrit Series 70, 185 & 209). Benares 1915.
BhG	Bhagavadgītā
BrSū	Brahmasūtram, siehe Śrībh
CŚ	Catuḥślokī des Yāmuna, siehe CŚBh
CŚBh	Catuḥślokībhāṣyam des Veṅkaṭanātha, in: Vedanta Desika's Chatusslokibhashyam, Sthothraratnabhashyam, and Gadyatrayabhasyam. Ed. by V. SRIVATSANKACHARYAR. Madras o.J.
KaSt	Kanakadhārāstotram, in: Śrīśāṅkaragranthāvaliḥ. Complete Works of Sri Sankaracharya. Volume I, Stotras. Madras 1981.
LT	Lakṣmī-Tantra. A Pāñcarātra Āgama. Ed. with Sanskrit Gloss and Introduction by V. KRISHNAMACHARYA. (The Adyar Library Series 87). Madras 1959.
MīSū	Mīmāṃsāsūtra
MuṇḍU	Muṇḍakopaniṣad
NDy	Nayadyumaṇiḥ des Meghanādārisūri: Nayadyumaṇiḥ by Meghanādārisūri. Crit. ed. with introduction and notes by V. KRISHNAMACHARYA and T. VIRARAGHAVACHARYA. Madras 1956.
NySiddh	Nyāyasiddhāñjanam des Veṅkaṭanātha, in: Vedāntadeśikagranthamālāyāṃ [vedāntavibhāge 2] Mīmāṃsāpādukā, Seśvaramīmāṃ-

	sā, Nyāyapariśuddhiḥ, Nyāyasiddhāñjanaṃ ca. [Ed. by] AṆṆAṂGARĀCĀRYA. Madras 1940.
NySiddh[1]	Nyāyasiddhāñjanam des Veṅkaṭanātha, in: Veṅkaṭanāthārya Vedāntadeśika viracitaṃ Nyāyasiddhāñjanam. Daśopaniṣadbhāṣyakāra Śrīraṅgarāmānujaviracitasaralaviśadavyākhyayā catuśśāstrādhyāpanasuprasiddha Kr̥ṣṇatātayārya [sic] viracitayā Ratnapeṭikākhyayā vyākhyayā ca sametaṃ saṃpadakīya bhūmikā ṭipaṇasahitam. [o. O.] 1976.
NySiddhV	Nyāyasiddhāñjanavyākhyā des Śrīraṅgarāmānuja, siehe NySiddh[1]
OBERHAMMER, Bemerkungen	GERHARD OBERHAMMER, Bemerkungen zu Paramasaṃhitā 24, in: Studies in Hinduism III, pp. 61-82.
OBERHAMMER, Beobachtungen	– Beobachtungen zur „Offenbarungsgeschichte" der Paramasaṃhitā, in: Studies in Hinduism II, 21-41.
OBERHAMMER, Materialien II	– Materialien zur Geschichte der Rāmānuja-Schule II. Vātsya Varadagurus Traktat von der Transzendenz des Brahma in der kontroverstheologischen Tradition der Schule. (ÖAW, phil.-hist. Kl. Sb 633). Wien 1996.
OBERHAMMER, Materialien III	– Materialien zur Geschichte der Rāmānuja-Schule III. Yādavaprakāśa, der vergessene Lehrer Rāmānujas. (ÖAW, phil.-hist. Kl. Sb 646). Wien 1997.
OBERHAMMER, Materialien V	– Materialien zur Geschichte der Rāmānuja-Schule V. Zur Lehre von der ewigen *vibhūti* Gottes. (ÖAW, phil.-hist. Kl. Sb 684). Wien 2000.
ÖAW, phil.-hist. Kl. Sb	Österreichische Akademie der Wissenschaften, philosophisch-historische Klasse, Sitzungsberichte
ParS	Paramasaṃhitā [of the Pāñcarātra]. Ed. and transl. into English by S. KRISHNASWAMI AIYANGAR. (Gaekwad's Oriental Series 86). Baroda 1940.

PraP	Prapannapārijātam des Vatsyavaradaguru. Prapanna Parijata by Nadadoor Ammal in Sanskrit with Translation in English. Published by Visishtadvaita Pracharini Sabha. Madras 1971.
RGbh	Gītābhāṣyam des Rāmānuja, siehe TC
RP	Ratnapeṭikā des Kṛṣṇatātācārya, siehe NySiddh[1]
ŚarG	Śaraṇāgatigadyam des Rāmānuja, siehe CŚBh
SarvSiddh	Sarvārthasiddhiḥ des Veṅkaṭanātha, in: Śrīmadvedāntadeśikagranthamālāyāṃ [vedāntavibhāge 3]. Tattvamuktākalāpaḥ – Sarvārthasiddhisametaḥ. [Ed. by] AṆṆAṂGARĀCĀRYA. Madras 1941.
Śrībh	Śrībhāṣyam des Rāmānuja, in: Sri Bhagavad Ramanuja Granthamala. Ed. P.B. ANNANGARACHARYA. Kancheepuram 1956.
StRbh	Stotraratnabhāṣyam des Veṅkaṭanātha, siehe CŚBh
Studies in Hinduism II	G. OBERHAMMER (ed.), Studies in Hinduism II. Miscellanea to the Phenomenon of Tantras. (ÖAW, phil.-hist. Kl. Sb 662). Wien 1998.
Studies in Hinduism III	GERHARD OBERHAMMER, MARION RASTELLI (eds.), Studies in Hinduism III. Pāñcarātra and Viśiṣṭādvaitavedānta. (ÖAW, phil.-hist. Kl. Sb). Wien 2002.
ŚvetU	Śvetāśvataropaniṣad
TaitĀ	Taittirīyāraṇyakam
TaitS	Taittirīyasaṃhitā
TaitU	Taittirīyopaniṣad
TC	Tātparyacandrikā des Veṅkaṭanātha, in: Gītārthasaṃgraharakṣā, Gītābhāṣyatātparyadīpikā ca. Śrīmadvedāntadeśikagranthamālāyāṃ [vyākhyānavibhāge 2]. [Ed. by] AṆṆAṂGARĀCĀRYA. Madras 1941.
VedS	Vedārthasaṃgrahaḥ des Ramānuja: Rāmānuja's Vedārthasaṃgraha. Introduction, Crit. ed. and annotated transl. by J.A.B. VAN BUITENEN. Poona 1956.
ViP	Viṣṇupurāṇam Viṣṇucitta-anugṛhītayā (Viṣṇucittīyākhyayā) vyākhyayā sanātham. AṆṆAṄ-

GARĀCĀRYAiḥ saṃpāditaṃ SAṂPATKUMĀRĀCĀRYAih pariśodhitam. Kāñcipūram 1972.

ViC Viṣṇucittīyam des Viṣṇucitta, siehe ViP

ViS Viṣṇusmṛti with the commentary Keśavavaijayantī of Nandapaṇḍita. Vol. II. (Adyar Library Series 93). Ed. by V. KRISHNAMACHARYA. Madras 1964.

§ 1. *Ein Fragment Śrīrāmamiśras*

Den Glauben an die Göttin (*Śrī, Lakṣmī*), die mythologische Gattin Viṣṇus, hat es in der viṣṇuitischen Orthodoxie, in den Texten der Purāṇen überliefert, immer schon gegeben. Dies gilt auch für jene Tradition, die in der Folgezeit zur Rāmānuja-Schule werden sollte. In ihr ist dieser Glaube vor allem zunächst in Form der Stotren-Literatur[1] belegt, in der er nicht nur einen poetisch-frommen, sondern in der Kommentierung dieser Hymnen auch einen recht differenzierten, theologisch-lehrhaften Ausdruck fand. Daneben findet er mit seiner recht unterschiedlichen Reflexion der Lehre von der Göttin schon sehr bald, wenn auch in beschränktem Maße, in den verschiedenen Lehrtraktaten der Schule Ausdruck, scheint jedoch eher im religiösen Leben und in der rituellen Verehrung des Gottes und der Göttin eine größere Bedeutung gehabt zu haben, während er etwa im Kontext der Brahmasūtren-Kommentierung kaum artikuliert wird.

Den ältesten mir bekannten Hinweis auf eine begrifflich entfaltete Theologie der Göttin in einem scholastischen Werk der Rāmānuja-Schule enthält ein Fragment des verlorenen Ṣaḍarthasaṃkṣepa des Śrīrāmamiśra (um 1100 n. Chr.?), das von Veṅkaṭanātha überliefert wird. In diesem Werk kommt Śrīrāmamiśra im Anschluß an seine Erörterung der Lehre von der ewigen *vibhūti* Gottes auch auf die Göttin zu sprechen und scheint dabei nach Meinung Veṅkaṭanāthas bereits eine sie betreffende Theologie, was den wesentlichen Aspekt betrifft, vorgetragen zu haben. Denn Veṅkaṭanātha leitet das Fragment, das er im Anschluß an einen die verschiedenen Formen der Lehre vom Verhältnis der Göttin zum höchsten Gott erwähnenden Überblick zitiert, folgendermaßen ein: „Alles diesbezüglich zu Sagende wurde von Śrīrāmamiśra in seinem Ṣaḍarthasaṃkṣepaḥ im Anschluß an die Darlegung der himmlischen Stätte [Gottes] gesagt.“[2]

---

[1] Der älteste erhaltene Beleg ist wohl Yāmunamunis Catuḥślokī (Text und Übersetzung siehe unten pp. 120ff.).

[2] NySiddh p. 233, 26f.: *atra vaktavyam akhilaṃ ṣaḍarthasaṃkṣepe divyasthānanirūpaṇānantaraṃ śrīrāmamiśrair uktam.* Vgl. dazu unten p. 23.

Das Fragment selbst lautet: „Auf Grund derselben Ableitung ergibt sich auch der Nachweis der Gattin [des Gottes] usw. – [Einwand:] Die These, daß [die Göttin] durch das 'Resthabend-Sein' (*śeṣitva-*) charakterisiert ist, ist unmöglich, weil etwas, das 'Rest' (*śeṣa-*) des einen ist, nicht [auch] 'Rest' eines anderen ist; aus eben diesem [Grund] kann es sich auch nicht um das Wiederaufgreifen von etwas bereits Gesagtem (*anuvādaḥ*) handeln. Außerdem ist die Gattin der 'Körper' des Höchsten. Anderenfalls ergäbe sich ein Widerspruch mit [dem Wort der Śruti], 'Eines eben', weil [ihr] das [von Gott] ungetrennt Vorkommen wie das der Wonne usw. fehlt. Daher gibt es [in ihrem Fall] wegen der Gleichheit [von Gott und Göttin auch] kein gegenseitiges 'Rest-' und 'Resthabend'-Sein (*śeṣaśeṣitā*). – Dies ist nicht so, weil in der Welt allgemein anerkannt ist, daß [das Eigentum] des Gatten auch der Gattin [gehört]. Auch kommt ein und dasselbe 'Resthabend'-Sein beiden [Gatten] zu, weil in der Smṛti keine Teilung [des Besitzes anerkannt ist]. Dies ist von den Nīti-Kennern (= Mīmāṃsakāḥ) [mit den Worten] gesagt: 'Wenn es einer der beiden [Gatten] nicht will, findet kein Verzicht (*tyāgaḥ*) statt. Denn [nur] bei Getrenntsein [des Besitzes] ist dies [möglich]. Zufolge einer Aussage [der Offenbarung], die durch diese Überlegung ergänzt wird, ergibt sich, daß die Gattin [des Höchsten] durch das 'Resthabend-Sein' (*śeṣitva*) charakterisiert ist, oder aber indem man [eine solche Aussage in entsprechend abgeleiteter Form wieder] aufnimmt (*anūdya*). Der Widerspruch, daß in der Welt der [eigene] Körper nicht Gattin sein kann, [gilt] nicht, im Falle es sich um einen Gegenstand handelt, der nicht Gegenstand eines anderen Erkenntnismittels [als die Offenbarung] ist. Auch ergibt sich in der Welt [der Schluß], er könne nicht die Gattin sein, [nur] auf Grund der zusätzlichen Bedingung (*upādhiḥ*), daß es sich um Ungeistiges handelt. Und im Falle [der Gott] selbst [die Gattin ist], tritt der Fehler einer Selbstvoraussetzung (*ātmāśreyadoṣaḥ*) ein. Auch gibt es keinen Widerspruch, weil das *śeṣa*-Sein auch im Falle eines anderen gegeben ist."[3] Und Veṅkaṭanātha schließt das Zitat

[3] NySiddh pp. 233, 27 – 234, 3: *samānanayān mahiṣyādisiddhiś* (conj. für °*siddhaś*) *ca. nanu śeṣitvaviśiṣṭavidhir aśakyaḥ anyaśeṣasya tadanyaśeṣatvāyogāt. na cānuvādaḥ, ata eva. kiṃ ca mahiṣyādikaṃ parasya śarīram. anyathā ekam eveti virudhyate. ānandādivad apṛthagbhāvābhāvāt. ataḥ samatvān na mithaḥśeṣaśeṣitā. maivam; patyuḥ patnyā apīti lokasiddham. ubhayādhiṣṭhānaṃ caikaṃ śeṣitvaṃ, avibhāgasmṛteḥ. tad uktaṃ nītividbhiḥ anyatarānicchāyāṃ tyāga*

aus dem Ṣaḍarthasaṃkṣepaḥ mit den Worten: „Und mit diesen Worten Śrīrāmamiśras ist die Unveränderlichkeit des 'Rest'-Seins der Welt hinsichtlich beider [Partner] dargelegt."[4]

Bei dem von Veṅkaṭanātha zitierten Text des Fragmentes fragt man sich, ob Śrīrāmamiśra dem Nachweis der Göttin und der sie betreffenden Lehre wirklich nur den einleitenden Satz gewidmet hat, oder ob Veṅkaṭanātha nicht doch gekürzt hat. Jedenfalls bestätigt dieser Satz Veṅkaṭanāthas Bemerkung, daß dieses Fragment unmittelbar im Anschluß an die Erörterung der himmlischen „Stätte" (*divyasthānam*) seinen Platz hatte. Denn Śrīraṅgarāmānuja bemerkt dazu, daß in dem Werk Śrīrāmamiśras vor diesem Fragment von der „Stätte usw." die Rede war und die Göttin mit der gleichen Argumentation nachgewiesen wurde wie jene.[5]

Was in dem Fragment unter dem Ausdruck „Stätte usw." (*sthānādi-*) zu verstehen ist, wird durch eine Stelle in Veṅkaṭanāthas Stotraratnabhāṣyam deutlich, an der ebenfalls der Ṣaḍarthasaṃkṣepaḥ offenbar zum gleichen Thema zitiert wird. Dort heißt es: „Um zurückzuweisen, daß die eine Stätte ausdrückenden [Worte] (*sthānavācinām*) den höchsten Ātmā meinen, ist im Ṣaḍarthasaṃkṣepaḥ gesagt: 'wegen der Wörter für einen Aufenthalts[ort] (*nivāsaḥ*), die ein Unterschiedensein betreffen (*vyatirekādhikaraṇa-*)'.[6] Daß diese 'Stätte' nicht urmateriehaft ist, wird durch Stellen der Śruti vom über die Grenze der rajas- und tamashaften Urmaterie Hinausgehen ... und durch die Lehre des Erhabenen erwiesen. Einige (*scil.* Yādavaprakāśa) sagen, daß ein bestimmtes Umwandlungsprodukt eben der Urmaterie, das *akṣaram* genannt wird, die Stätte des Genusses (*bhogasthānam*) für Gott und die Emanzipierten ist[7]."[8]

---

eva na saṃvarteta iti. na hy anirvṛttiḥ pṛthaktve. etannyāyasahakṛtavākyena ca śeṣitvaviśiṣṭapatnīvidhiḥ. anūdya vā. na ca loke śarīrasyāpatnītvaṃ nāma mānāntarāgocare virodhaḥ. acittvāc ca apatnītvaṃ loke. sa ca svasminn ātmāśrayadoṣaḥ. śeṣatvam anyatrāpi, avirodhāt iti.

[4] NySiddh p. 234, 4: *anena ca śrīrāmamiśravacasā dvandvaṃ prati jagataḥ śeṣataikarasatvam upapāditam.*

[5] NySiddhV p. 364, 7: *samānanāyād iti. sthānādinyāyasāmyād iti bhāvaḥ.*

[6] Auch SarvSiddh p. 163, 18.

[7] Siehe OBERHAMMER, Materialien V, pp. 42ff.

[8] StRbh p. 65, 22-26: *atra sthānavācināṃ paramātmasvarūpaparatvapratikṣepāyoktaṃ ṣaḍarthasaṃkṣepe vyatirekādhikaraṇanivāsaśabdair iti. asya ca*

Śrīrāmamiśra hat also, bevor er auf die Gattin Viṣṇus zu sprechen kam, jene Wirklichkeit behandelt, die später in der Schule als ewige *vibhūti* bezeichnet wurde und die höchste Stätte Viṣṇus, sowie die Körper etc. Gottes und der Emanzipierten bildete. Aus dem Fragment selbst: „wegen der Wörter, die sich auf ein Unterschiedensein beziehen" (*vyatirekādhikaraṇanivāsaśabdaiḥ*) muß man wohl schließen, daß Śrīrāmamiśra die Wirklichkeit dieser „himmlischen Stätte" (*divyasthānam*) mit Hilfe eines Śruti-Zitates, man denkt hier an die Stelle aus dem Puruṣasūktam: *viṣṇoḥ paramaṃ padam* etc., und dem in diesem Zitat zum Ausdruck kommenden Unterschiedensein (*vyatirekaḥ*) dieser Stätte vom höchsten Ātmā nachgewiesen hat, so wie dies auch Veṅkaṭanātha in seinem Nyāyasiddhāñjanam getan hatte.[9] Wenn Śrīrāmamiśra daher sagt, daß die Wirklichkeit der Gattin Viṣṇus mit dem gleichen Argument (*samānanāyāt*) bewiesen werde, kann dies wohl nur bedeuten, daß er diese ebenfalls mit Hilfe von Śruti-Zitaten und dem in diesen enthaltenen Hinweis auf ihr von Viṣṇu Unterschiedensein nachgewiesen hat.

Dies bestätigt sich, wenn Śrīraṅgarāmānuja den Ausdruck *śeṣitvaviśiṣṭavidhiḥ*, den Śrīrāmamiśra gebraucht, mit den Worten paraphrasiert: *asyeśānā jagato iti vākyena śeṣitvaviśiṣṭapatnīvidhiḥ*, das in der Ratnapeṭīkā nochmals mit den Worten expliziert wird: „Indem mit den Worten: *asyeśānā jagato viṣṇupatnī*[10] der Erhabene erwähnt wurde, ergibt sich positiv (*vidhiḥ*), daß [auch] die Gattin durch das 'Resthabend-Sein' (*śeṣitva-*) charakterisiert ist."[11] Wenn hier auch das die Welt zum Resthaben der Göttin Gegenstand der Argumentation ist, kann man doch vermuten, daß Śrīrāmamiśra auch die Wirklichkeit der Göttin mit Hilfe dieser oder ähnlicher Śruti-Stellen erwiesen hat, in denen das Unterschiedensein der Göttin wie hier in den Worten *viṣṇupatnī*, „Gattin Viṣṇus", zum Ausdruck kommt.

---

sthānasyāprākṛtatvaṃ kṣayantaṃ asya rajasaḥ parāka ādityavarṇaṃ tamasaḥ parastāt iti rajastamomayaprakṛtisīmātikrāntatvaśrutyā bhagavacchāstraiś ca siddham. prakṛter evākṣarākhyaḥ pariṇativiśeṣaḥ īśvarasya muktānāṃ ca bhogasthānam iti kecid vadanti.

[9] Vgl. NySiddh p. 235, 5ff. und OBERHAMMER, Materialien V, pp. 77f.

[10] TaitS 4, 4, 12, 5.

[11] RP p. 364, 21f.: *asyeśānā jagato viṣṇupatnīti vākyena bhagavantam anūdya jagaccheṣitvaviśiṣṭapatnīvidhiḥ.*

Der Umstand, daß Śrīrāmamiśra die Lehre von der Göttin im Zusammenhang mit seiner Erörterung der „göttlichen Stätte“ (*divyasthānam = nityavibhūtiḥ*) behandelt hat, an der die Emanzipierten und die ewig emanzipierten Seelen mit himmlischen Körpern versehen Gott genießen, könnte seinerseits ein Hinweis dafür sein, daß Śrīrāmamiśra wie vermutlich Rāmānuja die Göttin noch recht konkret als Gattin des Gottes betrachtet und analog zu den anderen ewigen Wesen dieser „himmlischen Stätte“ zugeordnet hat.

Auffallend ist, daß, falls Veṅkaṭanātha den Text des Zitates nicht gekürzt hat, Śrīrāmamiśra auf diesen Beweis nicht näher eingeht, sondern unvermittelt zu einem Einwand gegen die Lehre übergeht, daß die Welt so, wie sie „Rest“ (*śeṣaḥ*) Viṣṇus ist, auch „Rest“ der Göttin ist und diese daher so wie Viṣṇu selbst als „Resthabende“ eine Wirklichkeit ist, auf die das übrige geistige und ungeistige Seiende hingeordnet ist. Der Einwand wendet sich gegen einen entscheidenden Aspekt der Göttin, durch den diese grundsätzlich nicht als ein Seiendes wie jedes andere verstanden werden konnte und der zeigt, daß zur Zeit Śrīrāmamiśras jedenfalls einige Lehrer der Schule begonnen hatten, die Theologie der Göttin bereits in das Begriffssystem Rāmānujas zu integrieren, der gerade im Begriff des *śeṣitvam* eine entscheidende Bestimmung des Brahma als Paramātmā gesehen hatte.[12] Tatsächlich konnte dieser Aspekt der Göttin wohl nur innerhalb der Schultradition thematisiert und nicht in der autoritativen Überlieferung des Pāñcarātra vorgefunden werden, auf die man später zurückgriff, wenn es galt, die Lehre von der Göttin zu begründen.

Doch fällt auf, daß Śrīrāmamiśra den Begriff des *śeṣitvam* weniger ontologisch zu verwenden scheint. Wenn man nämlich seine juridisch-ritualistische Argumentation für das *śeṣitvam* der Göttin berücksichtigt, kann man den Begriff des *śeṣitvam* schwer in dem Sinne verstehen, wie ihn Rāmānuja als Gegenbegriff zum *śeṣatvam* des Körpers verwendet. Tatsächlich spricht Śrīrāmamiśra in seinem Fragment auch nicht davon, daß die Welt „Körper“ (*śarīram*) der Göttin wäre. Das hier faßbare Verständnis des *śeṣitvam* könnte jedoch auch nur durch das von Śrīrāmamiśra für das *śeṣitvam* der Göttin vorgebrachte Argument bedingt sein. Dieses Argument könnte jedoch seinerseits ein Hinweis dafür sein, daß Śrīrāma-

[12] Vgl. dazu auch OBERHAMMER 1996, pp. 51ff.

miśra mehr oder weniger am Anfang jener Entwicklung steht, die zum Theologem vom *śeṣitvam* der Göttin führt, das in der Folgezeit zu einer zentralen Lehre der Göttin geworden ist.[13] Śrīrāmamiśra argumentiert ganz im Sinne traditioneller Orthodoxie unter Verwendung eines juridischen Paradigmas in Verbindung mit einem Prinzip der Mīmāṃsā: Der Einwand des Gegners sei nicht zutreffend, „weil in der Welt allgemein anerkannt ist, daß [das Eigentum] des Gatten auch der Gattin gehört. Auch kommt ein und dasselbe 'Rest-habend'-Sein beiden [Gatten] zu, weil in der Śruti keine Teilung [des Besitzes anerkannt] ist. Dies ist von den Nīti-Kennern (= Mīmāṃsakāḥ) [mit den Worten] gesagt: 'Wenn es einer der beiden [Gatten] nicht will, findet kein Verzicht (*tyāgaḥ*)[14] statt. Denn [nur] bei Getrenntsein [des Besitzes] ist dies [möglich].“[15]

Śrīraṅgarāmānuja verdeutlicht dieses Argument, indem er in seiner Kommentierung die jeweiligen autoritativen Aussagen erwähnt, auf denen der Gedankengang Śrīrāmamiśras beruht: „In der Welt ist allgemein anerkannt, daß der Besitz des Gatten auch der der Gattin ist, weil die Smṛti kein Getrenntsein [vorsieht], [nämlich] aufgrund der [Aussage der] Smṛti: 'weder in der religiösen Pflicht (*dharme*) noch im Besitz (*arthe*) ist [die Gattin] zu übergehen', [bzw.]: 'auf Grund der Eheschließung besteht hinsichtlich der Riten, hinsichtlich der guten Frucht [der Werke] und hinsichtlich des Erwerbs von Gütern Zusammengehörigkeit [mit dem Gatten]'. ... Man darf auch nicht sagen, daß dies im Widerspruch mit der Smṛti stünde, die [mit den Worten]: 'Gattin, Sohn und Diener sind ohne Güter' darlege, daß die Frau ohne Güter sei, weil [diese Aussage] wegen ihres Widerspruchs zu vielen Śruti- und Smṛti[-Stellen so] zu erklären ist, daß sie die Unselbständigkeit (*asvatantryam*) [der Frau] meint. Denn anderenfalls ergäbe sich wegen der Besitzlosigkeit der Frau ein Widerspruch zu dem Abschnitt [der Mīmāṃsā], der die Berechtigung auch der Frau zum Opfern [mit den Worten darlegt]: *liṅgaviśeṣanirdeśāt puṃyuktam aitiśāyanaḥ*.[16] [Wenn von Veṅkaṭanātha gesagt ist:] 'dies ist von den Nīti-Kennern gesagt', [dann] ist

[13] Vgl. auch pp. 61ff.

[14] Im „Verzicht“ (*tyāgaḥ*) hat die Mīmāṃsā das entscheidende Element des Opfers gesehen.

[15] NySiddh pp. 233, 30 – 234, 1.

[16] MīSū 6, 1, 6.

dies so [zu verstehen]: Im sechsten Kapitel der Mīmāṃsāsūtren, das [durch die Frage nach] der Berechtigung (*adhikāraḥ*) [zum Opfern] bestimmt ist, wird [die Frage] geklärt, ob die Gattin getrennt opfern soll oder gemeinsam [mit dem Gatten]. Nachdem man zum [vorläufigen] Ergebnis gekommen ist, daß jeder für sich getrennt opfern soll, weil die im Prädikat gebrauchte [Ein]zahl *yajeta* in dem Sinne gesagt ist, daß sie dem [jeweils] substituierten Subjekt zukommt, [wird so entschieden]: Der Sinn des [Wortes] 'Opfern' besteht im Verzichten (*tyāgātmakaḥ*). Das [Verzichten] aber besteht im geistigen Akt der Indifferenz. Dieser geistige Akt (*tadbodhaḥ*) verwirklicht sich mit der Zustimmung der Gattin. Anderenfalls kommt [der Akt des] Verzichtes, der im geistigen Akt der Indifferenz besteht, nicht zustande, indem beide wegen des [Grundsatzes], daß auf Grund des nicht Getrenntseins der beiden Gatten [der Besitz] beiden gehört, gleiches Besitzrecht (*svāmyam*) haben und [daher], wenn das Besitzersein der Gattin nicht aufhört, auch das Besitzersein des Gatten nicht aufhören [kann]. Somit ist die Einwilligung der Gattin erforderlich, um [beim Opfer] den [Akt des] Verzichtens [zu setzen]. Die Einwilligung in den Verzicht ist aber der Zustand, der sich zufolge des Freiseins von einem Widerstreben ergibt, oder er ist das Eintreten der Gleichgesinntheit. Daher ist es richtig, daß die Durchführung (*prayogaḥ*) [des Opfers] im Falle beider Ehegatten nur gemeinsam [erfolgen kann], weil die Durchführung ohne Gattin nicht möglich ist."[17]

---

[17] NySiddhV pp. 364, 14 – 365, 13: *patyur dravyaṃ patnyā apīti loke siddham ity arthaḥ. avibhāgasmṛter iti. dharme cārthe ca nāticaritavyā pāṇigrahaṇād dhi sahatvaṃ karmasu tathā puṇyaphaleṣu dravyaparigrahe cetyādismṛter ity arthaḥ. ... na ca bhāryā putraś ca dāsaś ca traya evādhanāḥ smṛtā iti striyā nirdhanatvapratipādakasmṛtivirodha iti vācyam bahuśrutismṛtiviruddhatvena tasya vacanasyāsvātantryaparatayā vyākhyeyatvāt. itarathā striyā nirdhanatvena liṅgaviśeṣa nirdeśāt puṃyuktam aitiśāyana iti striyāpi yāgādhikārapratipādakādhikaraṇavirodhāpatteḥ. tad uktaṃ nītividbhir iti. ṣaṣṭhe' dhikāralakṣaṇe dampatī kiṃ pṛthak yajeyātām uta saheti vicāryaṃ yajetety ākhyātopāttāyāḥ saṅkhyāyā guṇabhūtopādeyagatatvena vivakṣitatvād ekaikaśaḥ prayoga iti prāpte yajyartho hi tyāgātmakaḥ. sa tu svadravye audāsīnyabodhātmā. tadbodhas tu patnyanumatisampādyaḥ. anyathā dampatyor avibhāgād ekam eva svaṃ tayor iti tulyasvāmyatayā patnīsvāmyānapāye sati patyuḥ svāmyam apy anapetam ity audāsīnyabodhātmā tyāga eva na saṃvarteteti tyāgasvarūpasiddhyarthaṃ patnyanumatyapekṣā. anumatiś ca tyaktuḥ prātikūlyarahitayāvasthānam tadānuguṇyācaraṇaṃ vā. tataś ca yajamānasya patnīnirapekṣaprayogāsaṃbhavāt dampatyoḥ sahaiva prayoga ity uktam iti bhāvaḥ.*

Das Argument Śrīrāmamiśras endet mit der abschließenden Bemerkung: „Mit der Aussage [der Śruti], die mit diesem Argument unterstützt ist, [ergibt sich] die [positive] Festlegung, daß [Viṣṇus] Gattin durch das *śeṣitvam* näher bestimmt ist; oder aber nachdem man wieder aufgegriffen hat (*anūdya*).“[18] Der Zweck dieser Bemerkung ist weitgehend deutlich. Sie schließt aus, daß die Aussage der Offenbarung, nämlich *asyeśānā jagataḥ viṣṇupatnī*, nicht als eine primäre Erkenntnis, sondern als ein sekundäres Wiederholen von etwas verstanden werden könnte, das durch die Argumentation schlußfolgernder Art bereits bewiesen ist.[19]

Unklar bleibt zunächst jedoch der Ausdruck, „oder indem man [eine Aussage der Offenbarung] in entsprechend [abgeleiteter] Form [wieder] aufnimmt (*anūdya vā*)“. Er deutet damit offenbar ein zweites Argument des Nachweises für das *śeṣitvam* der Göttin an, wobei das *anūdya* die Art und Weise angibt, wie dieses zu denken ist. Dies bestätigt Śrīraṅgarāmānuja, wenn er kommentiert: „Da bei der Festlegung, daß die Gattin Viṣṇus durch das ‘Herrinsein’ (*īśānatva-*) charakterisiert ist, eine umständliche Art [der Argumentation] gegeben ist, sagt er: *anūdya vā*: [nämlich] nachdem man die Gattin Viṣṇus thematisiert hat, legt man [ihr] Herrin-[der Welt]-Sein (*īśānatva-*) fest, oder nachdem man die Herrin thematisiert hat, legt man fest, daß sie Gattin Viṣṇus ist.“[20] Auch wenn dadurch die Art des Argumentierens nicht deutlicher wird, scheint aus der Bemerkung Śrīraṅgarāmānujas hervorzugehen, daß der Begriff des ‘Herrinseins’ (*īśānatvam*) und der des *śeṣitvam* den gleichen Sachverhalt meinen, auch wenn sie nicht dasselbe sind.

Einen wirklichen Hinweis auf die Argumentation, die Śrīrāmamiśra im Auge hat, wenn er *anūdya vā* sagt, enthält erst die späte Ratnapeṭīkāvyākhyā zu dieser Stelle. Dort heißt es:

„Nachdem er die Umständlichkeit [der Argumentation] bedacht hat, sagt er *anūdya vā*, [nämlich]: die notwendige Konsequenz aus einem [argumentations]starken (korr. *sāhaikadeśa-*) Teil

---

[18] NySiddh p. 234, 1f.

[19] Vgl. Śrīraṅgarāmānuja, NySiddhV p. 365, 14f.: *nanu asyeśāneti vākyaṃ nyāyasiddhārthānuvādy eva syād ity āśaṅkyāha etannyāyasahakṛteti.*

[20] NySiddhV pp. 365, 15 – 366, 3: *īśānatvaviśiṣṭaviṣṇupatnīvidhau gauravād āha anūdya veti. viṣṇupatnīm anūdyeśānatvaṃ vidhīyate īśānāṃ vānūdya viṣṇupatnītvam ity arthaḥ.*

[-Aspekt einer Aussage der Offenbarung] in dem Sinne einer Festlegung kraft des [eigentlichen] Sinnes. Und so [ergibt sich] die Festlegung eines [implizierten(?)] Teil[-Aspektes der Aussage] durch die entsprechende Wiederaufnahme (*anūdya*) [dieses] Teil[-Aspektes]. Der Sinn[, der sich hier] ergibt, ist [daher] die Festlegung des Herrinseins (*īśānatvam*), nachdem man ihr Gattin-Viṣṇus-Sein thematisiert hat, oder [die Festlegung] des Gattin-Viṣṇus-Seins, nachdem man [ihr] Herrinsein thematisiert hat. Im ersten Fall ergibt sich, wenn man durch die Aussage *śrīś ca te lakṣmīś ca patnau* erkannt hat, daß die Göttin Viṣṇus Gattin ist, durch diese Aussage [ihr] Herrinsein. Im zweiten Falle ergibt sich, wenn man durch eine andere Aussage wie z. B. *īśānā devī* [ihr] Herrinsein erkannt hat, durch diese Aussage, daß sie die Gattin Viṣṇus ist."[21] Wenn diese Erklärung richtig ist, und es gibt eigentlich keinen Grund, dies zu bezweifeln, dann erfolgte das von Śrīrāmamiśra angedeutete andere Argument für das *śeṣitvam* (= *īśānatvam*) der Göttin, indem kraft des explizierenden Ableitens (*tātparyabalāt*) eines mit einer expliziten Aussage der Offenbarung notwendig verbundenen, aber nicht direkt zum Ausdruck gebrachten Sinnes eine weitere Erkenntnis durch dieselbe Aussage gewonnen wird. Bei diesem Argument scheint es sich daher im Unterschied zu Śrīrāmamiśras ersten Argument, das im Grunde begrifflich-logisch strukturiert war, um eine Argumentationsweise zu handeln, die aus der Exegese der Offenbarungsaussagen genommen ist.

Anschließend an diese von Śrīrāmamiśra vorgetragene Argumentation greift dieser einen Einwand des Gegners auf, der gegen das erste juridische Modell seines Nachweises des *śeṣī*-Seins der Göttin sprechen würde, nämlich, daß die Göttin, so wie jedes Seiende der Welt „Körper" Gottes ist und daher nicht seine Gattin und damit auch nicht *śeṣī* der Welt sein könne, und weist diesen mit den Worten zurück: „Der Widerspruch, daß in der Welt der [eigene] Körper nicht Gattin sein kann, [gilt] nicht, im Falle es sich um einen

---

[21] RP p. 366, 11-15: *gauravam ālocyāha anūdya veti. tātparyavaśād vidhir iti sāsaikadeśānuṣaṅgaḥ* (conj. *sāhaikadeśānuṣaṅgaḥ*). *tathā caikadeśam anūdyaikadeśavidhir vety arthaḥ. viṣṇupatnīm anūdyeśānatvasya vā īśānām anūdya viṣṇupatnītvasya vā vidhir iti phalito 'rthaḥ. prathamapakṣe hrīś ca te lakṣmīś ca patnyāv iti vākyena devyā viṣṇupatnītvasiddhāv anena vākyeneśānatvasiddhiḥ dvitīyapakṣe iśānā devītyādivākyāntareṇeśānātvasiddhāv anena viṣṇupatnītvavidhir iti bhāvaḥ.*

Gegenstand handelt, der nicht Gegenstand eines anderen Erkenntnismittels [als die Offenbarung] ist. Auch ergibt sich in der Welt [der Schluß], er könne nicht die Gattin sein, [nur] auf Grund der zusätzlichen Bedingung (*upādhiḥ*), daß es sich um Ungeistiges handelt. Und im Falle [der Gott] selbst [die Gattin ist], tritt der Fehler einer Selbstvoraussetzung (*ātmāśreyadoṣaḥ*) ein. Auch gibt es keinen Widerspruch, weil das *śeṣa*-Sein auch im Falle eines anderen gegeben ist."[22]

Der Text Śrīrāmamiśras ist äußerst knapp und deutet nur die entscheidenden Schritte seiner Argumentation an. Zunächst weist er den Widerspruch, daß der eigene Körper nicht Gattin sein könne, mit einem vermutlich aus der Exegese von Offenbarungsaussagen stammenden methodischen Prinzip zurück, wonach etwas, das durch eine direkte Aussage der Offenbarung erkannt ist, nicht durch eine Schlußfolgerung aufgehoben werden kann, wenn das durch die Offenbarungsaussage Erkannte einem anderen Erkenntnismittel unzugänglich ist. Das hier angewendete Prinzip gründet in dem Umstand, daß dort, wo etwas durch andere Erkenntnismittel nicht erkannt werden kann, die Aussage der Offenbarung gültig ist, vorausgesetzt, daß die Aussage der Offenbarung den einem anderen Erkenntnismittel unzugänglichen Beschaffenheitsträger, von dem eine Beschaffenheit ausgesagt wird, direkt erkennen läßt (*dharmigrahakaprāmānam*). Dies scheint der Sinn der Bemerkung Śrīraṅgarāmānujas in seinem Kommentar zu dieser Stelle zu sein: „Dieser Widerspruch, daß der eigene Körper nicht die Gattin sein kann, besteht nicht, wenn es sich nicht um den Bereich eines anderen Erkenntnismittels handelt, weil eine derartige [Erkenntnis] zufolge des den Beschaffenheitsträger erfassenden Erkenntnismittels [der Offenbarung] angenommen wird."[23]

Darüber hinaus weist Śrīrāmamiśra darauf hin, daß die vom Gegner vorgebrachte Schlußfolgerung unbrauchbar ist (*aprayoja-*

[22] NySiddh p. 234, 2f.

[23] NySiddhV p. 366, 4f.: *svaśarīraṃ svasya patnī na bhavatīti yo 'yaṃ virodhaḥ sa mānāntarāgocare na bhavati. dharmigrahakapramāṇena tathaivābhyupeyatvād iti bhāvaḥ.* Vgl. dazu auch Ratnapeṭīkāvyakhyā (*ibid.* p. 366, 18f.): *devīsvarūpasya śrutyaiva sādhanīyatayā dharmigrāhakamānajātīyatayā śruteḥ prābalyena na tadviruddhānumānodayaḥ saṃbhavatīti bhāvaḥ.* Dieses exegetische Prinzip, das mit dem *dharmigrahakapramāṇam* arbeitet, begegnet beispielsweise auch an anderer Stelle bei Veṅkaṭanātha (siehe zum Beispiel NySiddh p. 237, 7).

ka-), weil sie nur auf Grund der zusätzlichen Bestimmung (*upādhiḥ*) zustandekommt, daß der Körper auf Grund von Ungeistigkeit nicht auch Gattin sein kann (vgl. *acittvāc ca apatnītvaṃ loke*)[24]; eine zusätzliche Bestimmung, die im Falle von Viṣṇus Gattin nicht gegeben ist. Um diesem Vorwurf zu entgehen, bringt der Gegner einen Gedanken ein, den Śrīrāmamiśra nicht ausdrücklich erwähnt, sondern mit einer nur angedeuteten Widerlegung zurückweist: „Und er [selbst] im Falle seiner selbst ist der Fehler des sich selbst Voraussetzens."[25] Der Gegner scheint daher, möglicherweise auf purāṇische Aussagen wie *nārāyaṇātmikā devī*[26] u. ä. zurückgreifend, die Antwort, daß Viṣṇu als Ātmā der Göttin mit dieser identisch sei und so letztlich selbst Gatte und Gattin ist,[27] vorgebracht zu haben. Jedenfalls hat Śrīraṅgarāmānuja die Worte Śrīrāmamiśras so verstanden, wenn er kommentiert: „[Einwand:] Warum sollte, damit nicht der ungeistige Körper Gattin ist, nicht der mit diesem [Körper] versehene [göttliche] Ātmā hinsichtlich seiner selbst Gattin sein? Unter Erwägung [dieser Frage] sagt er: *sa ca svasmin.* Das Gattin- und Gattesein im Falle seiner selbst ist durch den Fehler des sich selbst Voraussetzens fehlerhaft. So verhält es sich."[28]

Śrīrāmamiśra schließt seine Widerlegung des von ihm eingeführten Gegners mit dem Hinweis, daß das von diesem gegen die Lehre, die Welt sei 'Rest' (*śeṣaḥ*) auch der Göttin, vorgebrachte Argument, daß etwas, das 'Rest' des einen sei, nicht auch Rest eines

---

[24] Śrīraṅgarāmānuja kommentiert in NySiddhV p. 366, 5f.: *svaśarīratvāt svapatnītvābhāvānumāne acittvam upādhir ity āhācittvāc ceti.*

[25] NySiddh p. 234, 3: *sa ca svasmin ātmāśrayadoṣaḥ.*

[26] Vgl. NySiddhV p. 360, 11.

[27] Hier begegnet ein Argument, daß offenbar zu einem anderen Typus der Theologie gehört und impliziert, daß Gott und Göttin keine eigenständige Wirklichkeiten, sondern ein und derselbe göttliche Ātmā sind. Vgl. CŚBh p. 4, 12ff. und unten pp. 90ff.

[28] NySiddhV p. 366, 6f.: *nanu mā bhūd acetanasya śarīrasya patnītvaṃ. tadviśiṣṭasyātmanaḥ svaṃ prati patnītvaṃ kuto na syād ity āśaṅkyāha sa ca svasminn iti. svasminn eva patipatnībhāva ātmāśrayadoṣaduṣṭa ity arthaḥ.* Der hier zurückgewiesene Gedanke erinnert an die von Śrīraṅgarāmānuja erwähnte Lehre: „ ... oder er selbst, charakterisiert durch einen anderen ewigen Körper, der die Form einer Frau hat, ist Śrī." (*ibid.* p. 360, 14: *strīrūpanityavigrahāntaraviśiṣṭaḥ sa eva śrīr iti vā.*).

anderen sein könne,[29] nicht zutreffend sei, da dies auch „im Falle eines anderen so sei, weil kein Widerspruch vorliege[30]. Im Zitat Śrīrāmamiśras durch Veṅkaṭanātha bleibt offen, was jener mit dem Wort 'im Falle eines anderen' gemeint hat. Śrīraṅgarāmānuja hat es seinerseits jedenfalls auf die Ritualstruktur des Opfers bezogen, wenn er kommentiert: „Der Umstand, daß die Schöpfung, die 'Rest' (*śeṣaḥ*) des Erhabenen ist, auch zur Lakṣmī, die [ihrerseits] dessen 'Rest' ist, 'Rest' ist, ist möglich, weil man sieht, daß auch Dinge, von denen man aus dem betreffenden Zusammenhang weiß, daß sie Element des Opfers sind (*kratvaṅga-*) wie z. B. das Besprengen usw., kraft der Śruti usw. auch auf den Reis hingeordnet sind, der [seinerseits] das Opfer zum Zweck hat (*kratvartha-*)."[31] Diese Erklärung Śrīraṅgarāmānujas würde deutlich machen, wie Śrīrāmamiśra argumentiert hat, daß es sehr wohl möglich ist, daß etwas, das 'Rest' (*śeṣaḥ*) eines anderen ist, im Beispiel das Besprengen der Reiskörner, das als 'Rest' auf diese hingeordnet ist, die ihrerseits auf ein weiteres, nämlich das Opfer (*kratu*), als Rest hingeordnet sind, und würde in der Art zu denken der vorangehenden Argumentation Śrīrāmamiśrsas entsprechen, wo dieser ebenfalls eine Lehre der Mīmāṃsā als Argument verwendet hat, sodaß man annehmen möchte, daß die Erklärung Śrīraṅgarāmānujas das Argument Śrīrāmamiśras weitgehend authentisch wiederzugeben scheint.

Das von Veṅkaṭanātha überlieferte Fragment des Ṣaḍarthasaṃkṣepaḥ ist bemerkenswert, weil es, so weit ein einzelnes Fragment dazu überhaupt in der Lage ist, etwas Licht auf die Anfänge der scholastischen Auseinandersetzung mit der Theologie der Göttin zu werfen scheint. Denn soweit es sich sagen läßt, scheint Śrīrāmamiśra die scholastische Reflexion dieser Theologie nur im Horizont der Brahma/Nārāyaṇa-Theologie Rāmānujas durchzuführen. Es gibt in dem ganzen Fragment kein Anzeichen für einen Einfluß pāñcarātrischer Offenbarungstexte, auch nicht bei dem von Śrīrāmamiśra zurückgewiesenen Gegner.

---

[29] Vgl. NySiddh p. 233, 28: *anyaśeṣasya tadanyaśeṣatvāyogāt.*

[30] Vgl. NySiddh p. 234, 3: *śeṣatvam anyatrāpi, avirodhāt.*

[31] NySiddhV p. 367, 7f.: *bhagavaccheṣabhūtasyāpi prapañcasya taccheṣabhūtalakṣmīṃ praty api śeṣatvam upapadyate. prakaraṇāvagatakratvaṅgabhāvānām api prokṣaṇādīnāṃ śrutyādivaśena kratvārthavrīhyādyarthatvasyāpi darśaṇād ity āśayenāha śeṣatvam anyatrāpīti.*

In diesem Zusammenhang verdient Veṅkaṭanāthas Satz, mit dem er das Fragment einleitet, eine nähere Betrachtung. Denn er scheint nahezulegen, daß Śrīrāmamiśra in seinem Werk alles, was Veṅkaṭanātha zuvor zur Theologie der Göttin vorgebracht hat, nur viel ausführlicher, dargelegt habe.[32] Was meint Veṅkaṭanātha mit den Worten „alles diesbezüglich zu Sagende"? Veṅkaṭanātha hat zuvor als grundlegenden Gedanken erwähnt, daß die Beziehung zwischen Gott und Göttin nicht auf jene, die zwischen ihm und der Welt besteht, reduziert werden darf, sondern die eines ewigen Eheverhältnisses der beiden ist. Hier scheint die Übereinstimmung mit Śrīrāmamiśras Fragment vollkommen gegeben zu sein, ebenso, wenn Veṅkaṭanātha die Lehre von der Gleichheit (*sāmya-*) der beiden skizziert.[33] Wenn er jedoch anschließend die Śakti-Theologie bzw. die mit den verschiedenen Konkretisierungen Gottes wie Vyūha usw. argumentierende, ganz offensichtlich auf pāñcarātrischer Tradition beruhende Theologie auf die Göttin anwendet, so scheint es sich um alternative theologische Modelle zu handeln, die weder mit der Position Śrīrāmamiśras übereinstimmen noch Veṅkaṭanāthas eigene Lehre wiedergeben.[34]

Wenn man weiter bedenkt, daß es höchst unwahrscheinlich ist, daß der gut 200 Jahre ältere Śrīrāmamiśra bereits alles von Veṅkaṭanātha Vorgebrachte gekannt und nur viel ausführlicher dargelegt haben soll, so daß Veṅkaṭanāthas Darstellung gleichsam ein verkürzter Überblick des schon von Śrīrāmamiśra Gesagten wäre, scheint es wahrscheinlicher, daß Veṅkaṭanātha zunächst die von ihm vertretene Lehre vorgebracht hat, anschließend, wie er dies in seinem Nyāyasiddhāñjanam an vielen Stellen tut, andere einschlägige Lehren erwähnt, die zu seiner Zeit in der Schule vertreten wurden, und abschließend dann das Fragment Śrīrāmamiśras aufgreift, das mit seiner eigenen Position in Einklang steht und den vielleicht entscheidenden Aspekt der Lehre behandelt. Wenn dies richtig ist, würde dies bedeuten, daß Veṅkaṭanātha mit dem Zitat Śrīrāmamiś-

[32] NySiddh p. 233, 26f.: „Alles diesbezüglich zu Sagende wurde von Śrīrāmamiśra in seinem Ṣaḍarthasaṃkṣepaḥ ... gesagt." (Text siehe Anm. 2).

[33] NySiddh p. 233, 19-23.

[34] Vgl. auch das unten pp. 87ff. Gesagte.

ras seine eigene Darstellung der Lehre von der Göttin eröffnet[35] und man daher die das Fragment einleitenden Worte in etwa so übersetzen sollte: „Alles, was dazu (d.h. zur Lehre von der Göttin und der Vielfalt der von Veṅkaṭanātha erwähnten Lehren) zu sagen ist, wurde [letztlich bereits] von Śrīrāmamiśra in [seinem] Ṣaḍarthasaṃkṣepaḥ gesagt. Der betreffende Text [lautet].“ Veṅkaṭanātha hätte dann gerade in der von Śrīrāmamiśra vertretenen Lehre vom *śeṣī*-Sein der Göttin den zentralen Gedanken dieser Lehre gesehen und mit diesem Fragment in seine Darstellung eingeführt. Tatsächlich kommt Veṅkaṭanātha auf diesen Ansatz auch nicht mehr zurück.

Charakteristisch für Śrīrāmamiśra scheint zu sein, daß er letztlich seine Lehre von der Göttin im Sinne traditioneller viṣṇuitischer Orthodoxie argumentierend aus dem ehelichen Verhältnis von Gott und Göttin ableitet und seinen Beweis für das *śeṣitvam* der Göttin im Rückgriff auf das juridische Modell einer Ehe unter Einbeziehung ritual-exegetischer Überlegungen führt, die er aus der Mīmāṃsā übernimmt.[36] Hingegen scheint er den Beweis aus der Exegese, mit Hilfe der die Göttin direkt betreffenden Aussagen der autoritativen Überlieferung (*dharmigrahakapramāṇa-*) weniger in den Vordergund zu stellen, auch wenn er ihn erwähnt. Dennoch muß es schon zur Zeit Śrīrāmamiśras oder jedenfalls bald nachher einen Einfluß der autoritativen Texte des Pāñcarātra auf den Glauben und die Theologie der Schule in Zusammenhang mit der Lehre von der Göttin gegeben haben, wie spätestens Vatsyavaradaguru (ca. 13. Jh. n. Chr.) mit seinem Prapannapārijātam bezeugt.

---

[35] Dies scheint auch der Umstand nahezulegen, daß Veṅkaṭanātha seinen Hinweis auf den Ṣaḍarthasaṃkṣepaḥ auf das von ihm zitierte Fragment einzuschränken scheint, wenn er dieses mit den Worten *atha tatratyo 'yaṃ granthaḥ* (NySiddh p. 233, 27) einleitet.

[36] Diese Nähe zur Mīmāṃsā begegnet nicht nur in seinem ersten Argument für das *śeṣitvam* der Göttin, sondern, wenn das oben zu Śrīraṅgarāmānujas Kommentierung der Worte *śeṣitvam anyatrāpi* (NySiddh p. 234, 3) Gesagte richtig war, auch in diesem Argument.

§ 2. *Vatsyavaradagurus Prapannapārijātam*

Vatsyavaradaguru war einer der wichtigen scholastischen Lehrer der Schule in der Zeit vor Veṅkaṭanātha – er war der Lehrer Sudarśanasūris und Ātreyarāmānujas – und hat in seinen beiden Hauptwerken, dem Tattvasāraḥ und der Prameyamālā, die ihm wichtig scheinenden Lehren aus Rāmānujas Śrībhāṣyam zusammengefaßt und in seiner Prameyamālā in den einzelnen Kapiteln monographisch erörtert. In keinem dieser beiden philosophisch-theologischen Werke begegnet eine scholastisch-begriffliche Lehre von der Göttin, genauso wenig wie im Werk Rāmānujas.[37] Es dürfte daher kein Zufall sein, daß Vatsyavaradaguru lediglich in seinem Prapannapārijātam, einem Werk praktischer Theologie mit Blick auf die religiöse Praxis[38] auf eine Theologie der Göttin zu sprechen kommt, die er im 6. Abschnitt (*paddhatiḥ*) darlegt.

a) Der Text im Prapannapārijātam

„Weiters ist von einem, der seine Zuflucht genommen hat, im besonderen Lakṣmī mit Bhūmi [und] Nīlā usw. zusammen mit Sūtrāvatī usw. zu verehren (1); [sie,] die die Stätte der Ruhe der Lehrer und Herrin dieser Welt ist, die himmlische Gattin des Gottes der Götter, die ewig ist und unvergänglich (2), wie der Erhabene im [Pāñcarātra-]Śāstra dem [sein Wort] hörenden Viṣvaksena [selbst] sagt: ‘Jemand, der Lakṣmī und mir, [aber auch] Euch anhangt, ist auf dieser Erde etwas besonderes (*durlabhaḥ*).’ (3)

Unmittelbar im Anschluß [an die Verehrung] Haris soll er, versehen mit allen Mitteln [der Verehrung], ebenso die Göttin verehren, die Gattin des Gottes der Götter. (4)

---

[37] Für Rāmānujas Auffassung der Göttin siehe J.B. CARMAN, The Theology of Ramanuja. An Essay in Interreligious Understanding. (Ananthacharya Indological Research Series 9). Bombay 1981 (repr.), pp. 238ff.

[38] Im letzten Vers seines Prapannapārijātam charakterisiert er dieses Werk, das in 10 Kapiteln die wichtigsten theologischen Aspekte für das religiöse Leben eines, der seine Zuflucht zu Viṣṇu genommen hat (*prapanna*), behandelt, mit den Worten: „Dieses Werk, in dessen Umgebung jedes Verlangen der Guten [seine] Erfüllung findet [und daher] ‘Wunschbaum’ [jener] genannt ist, die [ihre] Zuflucht [zu Gott und seiner Gattin] genommen haben, ist [hiermit] auf Erden verkündet.“ (*aśeṣāpekṣitaṃ yatra parito jāyate sattām / prapannapārijātākhyaḥ prabandhaḥ kathito bhuvi //*).

Ihr machtvoll zur Erscheinung Kommen [in der Schöpfung] (*vaibhavam*) verkündet nämlich Hari [selbst], wie es ist (*tattvataḥ*), wenn er die fünf Seinsweisen seines Selbstes, [nämlich] als Höchster, als Vyūha usw. darlegt: (5)[39]

'Ebenso will ich das Eigenwesen (*svarūpam*) der Lakṣmī darlegen. Höre Du aufmerksam zu. Die Durchdringung (*vyāptiḥ*) [der Welt] zufolge des Eigenwesens (*svarūpeṇa*) den Eigenschaften nach (*guṇataḥ*) wird [für beide (*scil.* für sie und mich)] als eine gemeinsame gelehrt. (6) [Und] wie [diese] Welt von mir zufolge des Eigenwesens (*svarūpeṇa*) [auch] der Eigenwirklichkeit nach (*svabhāvataḥ*) durchdrungen ist (*vyāptam*), ebenso ist dieses alles von ihr durchdrungen; sie ist die Lenkerin (*niyantrī*) und Herrin [von allem]. (7) Auch sie ist in dieser Weise von mir durchdrungen [und] ich, der Herr, von ihr. Höre folgenden Unterschied (*vailakṣaṇyam*), Seneśa! (8) Sie, die Herrin von allem, meine geliebte [Gattin], ist 'Rest' (*śeṣa-*) zu mir, im Veda bin ich als ihr Herr und [als Herr] der Welt bekannt. (9) Zu ihr und zu mir ist die zweifache (*ubhayātmikā*) Vibhūti[40] 'Rest', so ist es in den Upaniṣaden (*vedaśiras*) und in meinen Śāstren bekannt, Du Ehrerbietiger! (10) – Ebenso sind Bhūmi und Nīlā, beide, als 'Rest' zu mir gelehrt. Ebenso wird das [All-] durchdringendsein aufgrund der Erkenntnis (*jñānataḥ*) für alle Seelen (*ātmānām*) angenommen. (11) Ein [All]durchdringendsein aufgrund des Eigenwesens (*svarūpataḥ*) gibt es im Falle dieser beiden aber nicht, Du Kenner der Upaniṣaden!'

Ebenso sagt in dieser Lehr[-Tradition] auch Lakṣmī selbst in einem anderen [Text] in jeweils entsprechender Weise, daß ihre und ihres Gatten Verbindung das [gegenseitige] Durchdringen (*vyāptiḥ*) ist, und daß [sie mit ihm] das Herr [über die Welt] Sein (*aiśvaryam*) besitzt:

'Weil die Śakti [noch] nicht getrennt gegeben ist, wird dieser [Zustand des Brahma] Brahmādvaita genannt. (13) Dessen höchste Śakti, [strahlend] wie das Licht des Mondes, die Göttin, die, wenn sie zu ihrem eigenen Wesen gefunden hat, in allen [Seins-]Zustän-

---

39 Nach Meinung des Herausgebers handelt es sich bei Vers 6-12ab, wohl wegen der im Zitat begegnenden Anrede *seneśa* und der in PraP 6, 3 begegnenden Erwähnung Viṣvaksenas um ein Zitat der Viṣvaksenasaṃhitā, die Varadaguru auch sonst in seinem Prapannapārijātam öfters zitiert.

40 *nitya-* und *līlāvibhūtiḥ.*

den gegenwärtig ist, die untrennbare, (14) die 'Ich-heit' (*ahaṃtā*) dieses Brahmans, das bin ich, die ewige. Zum Ich geworden ist dieser[41] Hari als der Ātmā aller Wesen überliefert. (15) Die 'Ich-heit' (*ahaṃtā*) aller Wesen, bin ich die ewige. Jener Seins[-Zustand] (*bhāvaḥ*), durch den der ewige Vāsudeva zum Sein kommt (*bhavati*), dieser Zustand des zum Sein gekommenen Gottes, [das] bin ich. So ist es verkündet. (16) Daher ist dieser ewige Zustand [des Brahma] (*padam*) das Brahma, welches Sein und Seins[-Zustand] in einem ist. (17) Das Seiende (*bhavan*) ist der Gott Nārāyaṇa, der Seins-Zustand (*bhāvaḥ*) bin ich, Lakṣmī, die Höchste. Deshalb ist dieses ewige Brahma Lakṣmīnārāyaṇa genannt. (18)

Denn der 'Ich'-Gegenstand kommt zu [seiner] Erfüllung, wenn er mit der 'Ich-heit' verbunden ist (*samāyuktaḥ* : *samākrāntaḥ*), und die 'Ich-heit' kommt, wie es gelehrt ist, im 'Ich'-Gegenstand zur Erscheinung; (19) da sie getrennt nicht vorkommen und miteinander verbunden sind, sollst Du die Verbindung von beiden, [nämlich] meiner selbst und [meines] Gatten (*nāthaḥ*), als Identität wissen. (20)'[42]

Der ehrwürdige Parāśara sagt von ihr [mit folgenden Worten,] daß sie brahma-förmig ist (*brahmarūpiṇī*): 'Die von Viṣṇu untrennbare Śrī ist diese ewige Mutter der Welt. (21) Wie Viṣṇu allgegenwärtig ist (*sarvagataḥ*), ebenso ist [es auch] diese, o Zweimalgeborener. Unter den Göttern, Tieren und Menschen ist der 'Mann' Genannte der erhabene Hari (22), die 'Frau' Genannte ist die Śrī, o Maitreya. Höher als diese beiden ist nichts.'[43]

Ich verehre die Gattin des Gaben gewährenden [Gottes], die als [dessen] geliebte [Gattin] zuvor [schon und] von sich aus Mittlerin ist, (23) wenn die Menschen, die lange Zeit nur dem Niedrigsten hingegeben und [so] unfähig sind[, das Heil zu erreichen], zu [ihrem] Gatten Zuflucht nehmen, sie, die [sein] Wohlwollen usw. bestärkt und im Zeitpunkt des Mittels (*upāyasamaye*) Erkenntnis, Macht usw. des Gatten mehrt, die um den [seligen] Genuß der Emanzipierten zu vermehren, die Schönheit usw. [des Gatten] er-

---

[41] conj. entsprechend dem gedruckten Text des Lakṣmītantram *sa*: *asmi*.

[42] Lakṣmītantram 2, 11-18ab.

[43] ViP 1, 8, 17 und 35.

höht und im Besitz der Vollkommenheit [ihrer] drei Aspekte [in Vaikuṇṭha] auf dem Lotus ruht. (24-26)"[44]

b) Bemerkungen zum Text

Auffallend an diesem Text ist, daß Vatsyavaradaguru, der in seinen anderen Werken, vor allem in seiner Prameyamālā, einen anspruchsvollen, scholastisch-argumentativen Stil schreibt, sich darauf beschränkt, eine Art Epithome autoritativer Texte zur Theolo-

---

[44] Prapannapārijātam 6, 1-26: *atha lakṣmī samabhyarcyā bhūminīlādibhis saha / sūtravatyādibhiś caiva prapannena viśeṣataḥ* // 1 *gurūṇāṃ viśramasthānaṃ īśānā jagato 'sya ca / mahiṣī devadevasya divyā nityānapāyinī* // 2 *yathāha bhagavāṃ cchāstre viṣvaksenāya śṛṇvate / lakṣmyāṃ mayi ca yuṣmāsu bhakto yo bhuvi durlabhaḥ* // 3 *anantaraṃ hareḥ sarvaiḥ upavāraiḥ samāhitaḥ / tadvat samarcayet devīṃ devadevasya vallabhām* // 4 *asyā vaibhavam ākhyāti tattvato hi yathā hariḥ / paravyūhādikān pañca prakārān ātmano vadan* // 5 *tathā lakṣmyāḥ svarūpaṃ ca vakṣye śṛṇu samāhitaḥ / guṇataś ca svarūpeṇa vyāptis sādhāraṇī matā* // 6 *mayā yathā jagat vyāptaṃ svarūpeṇa svabhāvataḥ / tayā vyāptam idaṃ sarvaṃ niyantrī ca tatheśvarī* // 7 *mayā vyāptā tathā sāpi tayā vyāpto 'ham īśvaraḥ / mama tasyāś ca seneśa vailakṣaṇyam idaṃ śṛṇu* // 8 *maccheṣabhūtā sarveṣām īśvarī vallabhā mama / tasyāś ca jagataś cāham īśvaro vedaviśrutaḥ* // 9 *asyā mama ca śeṣaṃ hi vibhūtir ubhayātmikā / iti śrutiśiras siddhaṃ macchāstreṣv api mānada* // 10 *tathā bhūmiś ca nīlā ca śeṣabhūte mate mama / tathātmanāṃ ca sarveṣāṃ jñānato vyāptir iṣyate* // 11 *svarūpatas tu na tayoḥ vyāptir vedāntapāraga / asmin śāstre yathā yathānyatra tathā lakṣmīr api svayam* // 12 *svasya nāthasya sambandhaṃ vyāptim aiśvaryam āha ca / apṛthagbhūtaśaktitvāt brahmādvaitaṃ tad ucyate* // 13 *tatya yā paramā śaktiḥ jyotsneva himadīdhiteḥ / sarvāvasthāgatā devī svātmabhūtānapāyinī* // 14 *ahantā brahmaṇas tasya sāham asmi sanātanī / ātmāsmi sarvabhūtānāṃ ahambhūto hariḥ smṛtaḥ* // 15 *ahantā sarvabhūtānāṃ sāham asmi sanātanī / yena bhāvena bhavati vāsudevaḥ sanātanaḥ* // 16 *bhavatas tasya devasya sa bhāvo 'ham itīritā / bhavadbhāvātmakaṃ brahma tatas tañ chāśvataṃ padam* // 17 *bhavan nārāyaṇo devo bhāvo lakṣmīr ahaṃ parā / lakṣmīnārāyaṇākhyaṃ tat tato brahma sanātanam* // 18 *ahaṃtayā samāyukto* (: *samākrānto*) *hy ahamarthaḥ prasiddhyati / ahamarthasamutthā ca sāhantā parikīrtitā* // 19 *anyonyasyāvinābhāvāt anyonyena samanvayāt / tādātmyaṃ viddhi saṃbandhaṃ mama nāthasya cobhayoḥ* // 20 *parāśaras tu bhagavān āhaināṃ brahmarūpiṇīm / nityaivaiṣā jaganmātā viṣṇoḥ śrīr anapāyinī* // 21 *yathā sarvagato viṣṇu tathaiveyaṃ dvijottama / devatiryaṅmanuṣyeṣu punnāmā bhagavān hariḥ* // 22 *strīnāmnī lakṣmīr maitreya nānayor vidyate param / aparādhaikasaktānāṃ anarhāṇāṃ ciraṃ nṛṇām* // 23 *bhartur āśrayaṇe pūrvaṃ svayaṃ puruṣakāratām / vāllabhyenānutiṣṭhantīṃ vātsalyādhyupabṛṃhiṇīm* // 24 *upāyasamaye bhartuḥ jñānaśaktyādivardhinīm / muktānāṃ bhogavṛddhyarthaṃ saundaryādivivardhinīm* // 25 *ākāratrayasampannāṃ aravindanivāsinīm / aśeṣajagadīśitrīṃ vande varadavallabhām* // 26.

gie der Göttin zu bieten, die im wesentlichen der Tradition des Pāñcarātra angehören. Man könnte fast meinen, daß es sich um einen anderen Autor handelt. Wenn man diese Diskrepanz zu interpretieren sucht, möchte man annehmen, daß es sich um zwei verschiedene Traditionsstränge handelt, denen die Schriften Varadagurus gewidmet sind, und die jedenfalls bei ihm in der Reflexion der philosophischen Theologie Rāmānujas noch nicht zu einer Einheit verwoben sind, nämlich die Tradition vedāntisch-theistischer Brahman-Spekulation einerseits und jene des religiösen Glaubens in seiner Konkretheit andererseits, die offenbar schon zur Zeit Varadagurus, wenn nicht bereits zur Zeit Rāmānujas, von der Pāñcarātra-Tradition geprägt war.[45]

Dies könnte erklären, warum Vatsyavaradaguru im Zusammenhang mit der Verehrung der Göttin, um die es im zitierten Text des Prapannapārijātam geht, mit Ausnahme des Viṣṇupurāṇa nur Texte des Pāñcarātra mit der in ihnen enthaltenen Theologie der Göttin zitiert. Aus dieser praktischen Orientierung des Werkes würde auch der Umstand verständlich, daß er mit keinem Wort auf den Versuch Śrīrāmamiśras eingeht, aus dem Denken Rāmānujas heraus eine scholastische Theologie der Göttin zu entfalten, den er gekannt haben muß. Dennoch wird in der Auswahl der zitierten Texte und in der Art und Weise, wie Varadaguru diese Zitate miteinander verbindet, ein für ihn charakteristisches theologisches Denken faßbar. Damit dies möglich ist, müssen die von ihm zitierten Texte allerdings im Zusammenhang ihres neuen Kontextes gelesen werden, wie Varadaguru sie verstanden hat beziehungsweise verstanden wissen wollte und nicht so, wie sie im ursprünglichen Kontext gemeint waren.

Varadaguru ist in der Wahl seiner Zitate bemerkenswert selektiv und zwar nicht nur in der Wahl der Texte selbst – er zitiert nur Viṣvaksenasaṃhitā und Lakṣmītantram, also Texte, die zu einer jüngeren Schichte dieser Literatur gehören – sondern auch innerhalb dieser Texte, was die zitierten Abschnitte betrifft. In der Viṣvaksenasaṃhitā ist es ein Abschnitt, der eine deutliche Nähe zur Rāmānuja-Schule zeigt[46], im Falle des Lakṣmītantram beschränkt

---

[45] Wenn man an Yāmunamunis Āgamaprāmāṇyam und den darin versuchten Nachweis des Offenbarungscharakters (*prāmāṇyam*) des Pāñcarātra denkt, möchte man dies annehmen.

[46] Vgl. unten p. 31.

sich Varadaguru offenbar bewußt auf den 2. Adhyāya und selbst dort auf jene Verse, in denen lediglich das Verhältnis von Gott und Göttin zueinander grundsätzlich reflektiert war, und vermeidet sorgfältig Aussagen, die eine evolutionistische Śakti-Theologie implizieren[47]. Die von Varadaguru zitierten Texte ermöglichen ihm so, das Verhältnis von Gott und Göttin in einer Weise zu thematisieren, daß beide trotz ihrer gegenseitigen Wesensdurchdringung und ontologischen Gemeinsamkeit ihre „Eigenständigkeit" bewahren und jede advaitische oder auch evolutionistische Deutung dieses Zueinanders von Gott und Göttin vermieden wird.[48]

Im Sinne dieser selektiven Verwendung von Pāñcarātra-Texten durch Vatsyavaradaguru ist es bemerkenswert, daß er seine Darstellung mit einem Zitat aus der Viṣvaksenasaṃhitā eröffnet, das im überlieferten Text der Saṃhitā fehlt[49] und aus jenem Abschnitt stammen muß, dessen Anfang Śrīraṅgarāmānuja anläßlich der Kommentierung von Veṅkaṭanāthas Darstellung der fünf „Körper" (*śarīraṇi*) Gottes im Nyāyasiddhāñjanam zitiert: „Die Gelehrten des Vedānta sagen, daß mir fünf [Seins-]Weisen (*prakārāḥ*) eigen sind, die höchste, der Vyūha, der Vibhava und der [innere] Lenker der Seelen sowie die Herabkunft im Gottesbild (*arcāvatāraḥ*)."[50] Das Zitat stimmt nicht nur inhaltlich mit Varadagurus ein-

---

[47] So setzt der Text mit der Erwähnung des *brahmādvaita*-Zustandes des Gottes ein und endet, bevor die Darstellung mit Vers 2, 20 zur Entstehung der Schöpfung übergeht, mit dem Hinweis auf die Wesensgleichheit (*tādātmyam*) von Gott und Göttin.

[48] Dieses selektive Zitieren der Pāñcarātrasaṃhitās könnte darauf hinweisen, daß diese Texte für ihn nicht schlechthin Autorität sind, sondern von ihm nur im Zusammenhang mit der religiösen Praxis herangezogen werden, und auch dies nur soweit sie mit der Vedānta-Tradition vereinbar sind.

[49] Auffallend an diesem Abschnitt ist, daß in ihm deutliche Anklänge an Lehre und Terminologie der Rāmānuja-Schule vorkommen (vgl. unten pp. 31ff.) und auch in den von Śrīraṅgarāmānuja zitierten Versen über die fünf Seinsweisen des Gottes diese Lehre ausdrücklich „Gelehrten des Vedānta" (*vedāntaparagāḥ*) zugeschrieben wird. Wenn man den von Varadaguru zitierten Abschnitt als ganzen betrachtet, möchte man glauben, einen Text der Rāmānuja-Schule vor sich zu haben. Dazu würde es auch passen, daß der Text wie Rāmānuja neben Lakṣmī lediglich Nīlā und Bhūmi und keine Śaktis des Pāñcarātra als Gattinnen des Gottes erwähnt.

[50] NySiddhV p. 394, 8f.: *mama prakārāḥ pañceti prāhur vedāntapāragāḥ / paro vyūhaś ca vibhavo niyantā sarvadehiṇām // arcāvatāraś ca tathā.* – Daß die-

leitenden Worten überein, sondern verwendet so wie diese auch den Ausdruck „[Seins-]Weisen“ (*prakārāḥ*) als Bezeichnung der fünf „Körper“ (*śarīrāṇi*) Gottes. Wenn man den Worten Varadagurus glauben darf, hat dieser so eingeleitete Abschnitt der Viṣvaksena-saṃhitā im Zusammenhang mit der Darlegung dieser Körper auch jenen Abschnitt über die Göttin enthalten,[51] den er zitiert.

Die Sprache des Zitates entspricht durchaus dem Stil einer Saṃhitā, dennoch zeigt sie eine deutlich scholastische Terminologie, die unbeeinflußt von der Theologie Rāmānujas nicht recht denkbar ist. So ist der Ausdruck *jñānato vyāptiḥ* in PraP 6, 11 wohl nur im Sinne der Lehre der Rāmānuja-Schule von der Erkenntnis verständlich[52]; ebenso ist die begriffliche Bestimmung der Göttin als *maccheṣabhūtā* nur im Lichte von Rāmānujas Körperdefinition verständlich. Auch die begriffliche Unterscheidung von *guṇataḥ svarūpeṇa vyāptiḥ* und *svabhāvataḥ svarūpeṇa vyāptiḥ*[53] dürfte auf Gedanken zurückgehen, wie sie in der Kommentierung von BhG 18, 55 durch Rāmānuja begegnen, wo dieser den Vers folgendermaßen paraphrasiert: „Wer mich mit dergestaltiger Hingabe der Wahrheit entsprechend erkennt, wie ich meinem Wesen nach (*svarūpataḥ*) und meiner Eigenwirklichkeit nach (*svabhāvataḥ*) bin, [aber] auch wie beschaffen ich meinen Eigenschaften nach (*guṇataḥ*) und meiner Vibhūti nach (*vibhūtitaḥ*) bin, der gelangt unmittelbar, nachdem er mich der Wahrheit entsprechend erkannt hat, ... dank seiner Hingabe ... zu mir.“[54]

---

ses Zitat aus der Viṣvaksenasaṃhitā stammt, bezeugt Śrīraṅgarāmānuja, wenn er weiterführt *ityādiviṣvaksenasaṃhitāvacanāni* ...

[51] Vgl. PraP 6, 5: *asyā vaibhavam ākhyāti tattvato hi yathā hariḥ / ... pañcaprakārān ātmano vadan.*

[52] Vgl. beispielsweise in analoger Verwendung NDy p. 256, 12f. (*sarvagatajñaptidvārā tasyāḥ sarvagatatvam*) und NDy p. 241, 5f. (*ata eva sarvārthasaṃbaddhajñānatvam eva hi sarvajñatvam. evaṃ sarvārthasambandhāt jñānasya sarvagatatvaṃ ca*).

[53] PraP 6, 6 und 7.

[54] RGbh p. 483, 29f.: *svarūpataḥ svabhāvataś ca yo 'haṃ guṇato vibhūtito 'pi yāvāṃś cāhaṃ taṃ māṃ evaṃrūpayā bhaktyā tattvato 'bhijānāti tattvato māṃ jñātvā tadanantaram ... bhaktito māṃ ... praviśati.*

Der viel jüngere Veṅkaṭanātha kommentiert die entscheidenden Begriffe[55] vielleicht bereits von einem späteren Standpunkt der Schule aus folgendermaßen: „Mit Blick auf den im vorhergehenden Abschnitt als Ursache der Welt charakterisierten Beschaffenheitsträger (*-dharmī*), der ‘Herr von allem’ genannt wird, erwähnt er den Sach[verhalt] des [Satzes] *yaḥ* [usw. mit den Worten] *svarūpataḥ*. [Mit dem Ausdruck] *svabhāvataḥ* ist die Verbindung [dieses Beschaffenheitsträgers] mit Beschaffenheiten (*-dharmayogaḥ*) angegeben, die [dessen] Wesen bestimmen (*-svarūpanirūpaka-*), [und] mit der Allwissenheit [usw.], die durch die reinigenden positiven und negativen Aussagen [der Śruti] festgestellt wird, zusammenzudenken sind (*anusandheya-*). Beim Fehlen [solcher] das Wesen (*svarūpa-*) bestimmender Beschaffenheiten wäre ein Seiendes (*vastu*) zufolge dessen, daß das Wesen ohne Bestimmendes (*anirūpi-*) wäre, ohne Eigenwirklichkeit (*niḥsvabhāvam*) ... Das Wort *guṇa-* in der [Aussage *guṇato vibhūtito 'pi yāvāṃś cāham*] weist auf Beschaffenheiten wie *jñānam, śaktiḥ* usw. hin, die das [so] bestimmte Wesen (*svarūpam*) näher charakterisieren.“[56]

Versucht man vor dem Hintergrund dieser beiden Stellen die im Text der Viṣvaksenasaṃhitā enthaltene Lehre von der Göttin zu verstehen, dann muß man zunächst festhalten, daß der Text lediglich vom „Wesen“ (*svarūpam*) der Göttin spricht[57] und das „Wesen“ des Gottes als solches nicht thematisiert wird, daß also vom „Wesen“ des Gottes nur soweit die Rede ist, als es zur Klärung des Wesens der Göttin notwendig ist, nämlich soweit es durch Eigenschaften (*guṇāḥ*) und Eigenwirklichkeit (*svabhāvaḥ*) charakterisiert ist und daher dieses „Wesen“ nur meinen kann, sofern der höchste Gott in seiner konkreten Wirklichkeit gedacht ist, durch die dann das Wesen der Göttin im Sinne einer gegenseitigen Beziehung verdeutlicht wird. Dies scheint sich aus der Bemerkung Veṅkaṭanāthas

---

[55] Vgl. zu diesen Begriffen auch pp. 33ff.

[56] TC p. 484, 4-9: *pūrvagranthoktajagatkāraṇatvalakṣitasarveśvarākhyadharmyabhiprāyeṇa ya ity asyārtham āha svarūpata iti. vidhiniṣedharūpaśodhakavākyāvasitasarvavidyānusaṃdheyasvarūpanirūpakadharmayogaḥ svabhāvata iti nirdiṣṭaḥ. svarūpanirūpakadharmābhāve anirūpisvarūpatayā niḥsvabhāvam eva vastu syāt. ... guṇaśabdo 'tra nirūpitasvarūpaviśeṣakajñānaśaktyādisamastadharmaviṣayaḥ.*

[57] Vgl. PraP 6, 6: *lakṣmyāḥ svarūpaṃ ca vakṣye.*

zu ergeben, daß *svarūpa-* an dieser Stelle der Bhagavadgītā den göttlichen Beschaffenheitsträger (*dharmī*) meint, der durch die Śruti als Urgrund der Welt (*jagatkāraṇam*) geoffenbart ist, während *svabhāva-* diesen selben Beschaffenheitsträger meint, sofern ihm als relationales Sein durch die „reinigenden Aussagen" der Śruti Eigenschaften zu- bzw. abgesprochen werden, d. h. sofern ihm eine „Eigenwirklichkeit" (*svabhāvaḥ*) im Sinne eines personalen göttlichen Seins zukommt; während das von Rāmānuja verwendete Wort *guṇa-* jene Dimension Gottes meint, die ihm so wie die *vibhūti* in seiner welthaft tätigen Gegenwart zukommt.[58]

Der Begriff des *svarūpam* bezeichnet zwar im Falle beider Partner das Wesen des jeweiligen Beschaffenheitsträgers, aber nur sofern es durch Eigenwirklichkeit (*svabhāvaḥ*), Eigenschaften (*guṇaḥ*) und *vibhūti* Konkretheit besitzt. Diese konkrete Wirklichkeit ist nach der Lehre der Viṣvaksenasaṃhitā dem Gott und der Göttin in gleicher Weise eigen,[59] wobei man annehmen möchte, daß die in Vers 6, 7 erwähnte Eigenwirklichkeit (vgl. *svabhāvataḥ*), mit der beide in gleicher Weise die Welt durchwalten, die ontologische Voraussetzung dieses gemeinsamen „Durchdringens den Eigenschaften nach" (vgl. *guṇataḥ*) ist.

Beide Bestimmungen, das „Durchdringen der Eigenwirklichkeit nach" und das „Durchdringen den Eigenschaften nach", kommen dem Gott und der Göttin zufolge ihres Eigenwesens (*svarūpeṇa*) zu. Doch sind Gott und Göttin nicht als miteinander identisch zu verstehen, auch wenn gesagt ist, daß sie sich in ihrer Wirklichkeit „umfassen" oder „durchdringen", so daß auch die Göttin „Lenkerin" (*niyantrī*) und „Herrin" von allem ist. Die Aussage: „Ich, [ihr] Herr, bin von ihr durchwaltet, ebenso ist auch diese von mir durchwaltet (*vyāpta-*)",[60] ist offenbar die Formel, durch die ausgedrückt werden soll, daß beide in der Dimension der Eigenwirklichkeit (*svabhāvaḥ*) wie auch in jener der die Eigenwirklichkeit nicht konstituierenden Eigenschaften gleichen Wesens sind, ohne jedoch identisch zu sein.

---

[58] Zum Begriff der *vibhūti* bei Rāmānuja vgl. OBERHAMMER, Materialien V, pp. 23ff.

[59] Vgl. PraP 6, 6, *guṇataś ca svarūpena vyāptis sādhāraṇī matā,* und pp. 32f.

[60] PraP 6, 8: *mayā vyāptā tathā sāpi tayā vyāpto 'ham īśvaraḥ.*

Der hier verwendete Begriff der *vyāptiḥ* ist ohne weitere Erklärung leider wenig geeignet, ein genaueres Verständnis der implizierten, philosophischen Bedeutung zu vermitteln. Ein Interpretationsansatz bietet sich jedoch, wenn die Paramasaṃhitā diesen Begriff in einer vergleichsweise ähnlichen Bedeutung verwendet, um das Verhältnis des höchsten Wesens zur Urmaterie zu bestimmen. Dort heißt es: „Die Verbindung (*saṃbandhaḥ*) von [Urmaterie] und Puruṣa (= Gott) ist in Form der Umfassung (*vyāptirūpeṇa*) gegeben. Diese [Verbindung] ist anfanglos und ohne Ende und ist im eigentlichen Sinne [wirklich]: (19) So wie der Ton existiert, indem er diesen Äther (*ākāśaḥ*) zur Gänze erfaßt hat (*prāpya*), west auch der höchste Ātmā, indem er das Unentfaltete (*avyākṛtam* = *prakṛtiḥ*) [zur Gänze] erfaßt hat. (20) Wie das Fett in der Milch oder der Geschmack im Wasser, ebenso wird auch hier das Umfaßtsein (*vyāptatā*) angenommen. (21) ... beides aber ist [jeweils] ein anderes, existiert [aber] wie voneinander ungeschieden. (24)“[61] Wenn man die hier zugrundeliegende Vorstellung von der *vyāptiḥ* zu fassen sucht, ergibt sich jedenfalls, daß sowohl das Umfassende (*vyāpakam*) wie das Umfaßte (*vyāptam*) eigenständig Seiendes bleiben und nicht wirklich eins werden, daß sie aber dennoch gleichsam „deckungsgleich“ koexistieren. Versucht man diese Vorstellung auf das Verhältnis von Gott und Göttin, wie es im Prapannapārijātam begegnet, umzulegen, so muß man jedenfalls daran festhalten, daß beide real unterschieden, dennoch immerdar ungetrennt sind; und zwar so daß, wo immer der eine Partner ist, auch der andere mitanwesend ist. Dieses Verhältnis der *vyāptiḥ* konkretisiert sich dann weiter, wenn es in Beziehung zur Schöpfung (*sṛṣṭiḥ*) gesetzt wird. In diesem Sinne heißt es im Prapannapārijātam: „Die Durchdringung (*vyāptiḥ*) [der Schöpfung] zufolge des Eigenwesens (*svarūpeṇa*) den Eigenschaften nach (*guṇataḥ*) wird [für beide] als eine gemeinsame (*sādhāraṇī*) gelehrt. [Und] wie [diese] Welt von mir zufolge des Eigenwesens (*svarūpeṇa*) der Eigenwirklichkeit nach (*svabhāvataḥ*) durchdrungen ist (*vyāptam*), so ist dieses alles von

---

[61] ParS 2, 19-24: *vyāptirūpeṇa saṃbandhaḥ tasyāś ca puruṣasya ca* / *sa hy anādir anantaś ca paramārthena tiṣṭhati* // 19 *yathākāśam idaṃ sarvaṃ prāpya śabdo vyavasthitaḥ* / *tathaivāvyākṛtaṃ* (Conj.d.Hg.) *prāpya paramātmā vyavasthitaḥ* // 20 *yathā vā payasi snehaḥ yathā ca salile rasaḥ* / *gamane tadvad atrāpi vyāpya vyāpakateṣyate* // 21 ... *ubhayaṃ tv etad anyaṃ tadabhinnam iva tiṣṭhati* // 24.

ihr durchdrungen (*vyāptam*) ... Auch sie (= die Göttin) ist von mir durchdrungen (*vyāptā*) und bin ich, [ihr] Herr, von ihr durchdrungen (*vyāptaḥ*).“[62] Dies bedeutet zunächst, daß beider „Durchdringung“ (*vyāptiḥ*) der Schöpfung durch ihr jeweiliges Eigenwesen (*svarūpeṇa*) und nicht durch einen diesem „äußerlichen“ Umstand[63] bedingt ist und daß beide in gleicher Weise sowohl mit ihrer Eigenwirklichkeit (*svabhāvaḥ*) als auch mit ihren Eigenschaften (*guṇāḥ*) in dieser Schöpfung überall gemeinsam gegenwärtig sind und wirken. Denkt man dieses „Durchdringen“ mit der Aussage von der Gemeinsamkeit (vgl. *sādhāraṇa-*) dieses Durchdringens und mit jener, daß sowohl die Göttin vom Gott durchdrungen ist (*vyāptā*) als auch er von ihr, zusammen, dann muß man annehmen, daß das je eigene Durchdringen der Schöpfung immer gemeinsam erfolgt und nicht jeweils einzeln für sich, auch wenn oder gerade weil Göttin und Gott als *śeṣaḥ* und *śeṣī* aufeinander bezogen jeweils eine eigene Wirklichkeit sind.

Der Text fährt nämlich fort, daß es zwischen ihr und dem höchsten Gott dennoch eine Verschiedenheit (vgl. *vailakṣaṇyam*) gäbe, nämlich die, daß die Göttin im Hinblick auf ihren Gatten „Rest“ (*śeṣaḥ*) ist.[64] Hier scheint die Lehre der Viṣvaksenasaṃhitā mit jener Śrīrāmamiśras übereinzustimmen, für den die Göttin ebenfalls *śeṣaḥ* des Gottes war. Die doppelte Vibhūti aber ist ihrerseits „Rest“ (*śeṣaḥ*) zu beiden, ganz in Übereinstimmung mit dem Umstand, daß sowohl der höchste Gott als auch die Göttin gemeinsam und in gleicher Weise „Lenker“ (*niyantṛ-*) und „Herr“ (*īśvara-*) der Welt sind.[65]

Nicht uninteressant ist, daß der von Varadaguru zitierte Text der Viṣvaksenasaṃhitā mit einer Bemerkung endet, der eine gewisse Nähe zur Lehrtradition der Rāmānuja-Schule erkennen läßt: „Ebenso sind Bhūmi und Nīlā, beide, als ‘Rest’ zu mir gelehrt. Ebenso wird das [All]durchdringendsein aufgrund der Erkenntnis (*jñānataḥ*) für alle Seelen (*ātmānām*) angenommen. Ein [All]durchdringendsein aufgrund des Eigenwesens (*svarūpataḥ*) gibt es im

[62] PraP 6, 6cd-8ab. Text s. Anm. 44.

[63] Also beispielsweise nicht mit Hilfe ihres Erkennens.

[64] Vgl. PraP 6, 12f.

[65] Vgl. PraP 6, 8-10.

Falle dieser beiden aber nicht, Du Kenner der Upaniṣaden!“[66] Die Stelle ist bemerkenswert, weil sie die beiden Göttinnen, die neben Lakṣmī/Śrī als Gattinnen Viṣṇus betrachtet und als solche auch rituell zu verehren waren[67], eindeutig von Lakṣmī ontologisch unterscheidet und nur dieser in gleicher Weise wie Viṣṇu ein aus dem Eigenwesen (*svarūpam*) kommendes Herrin- und Lenkerinsein der Welt (vgl. *niyantrī ca tatheśvarī*) zuspricht, auch wenn sie wie Nīlā und Bhūmi zu Gott ‘Rest’ (*śeṣaḥ*) ist. Im Unterschied zu ihr kommt diesen das alles Durchdringen (*vyāptiḥ*) nicht dem Wesen nach zu (*svarūpeṇa*), sondern wie allen Seelen lediglich der Erkenntnis nach (*jñānataḥ*). Diese letzte Bestimmung scheint aber nur in Begriffen der Rāmānuja-Schule verständlich, nach der die Erkenntnis eine Substanz ist, die zu allen Dingen der Außenwelt hinaus geht, und scheint zu implizieren, daß die beiden Göttinnen im Unterschied zu Lakṣmī lediglich als ewig emanzipierte Seelen betrachtet wurden.

Diese Lehre der Viṣvaksenasaṃhitā scheint Vatsyavaradaguru im folgenden mit jener anderen Lehre von der Göttin zu homologisieren, die in durchaus eigenständiger Weise im Lakṣmītantram vorgetragen wurde und die als solche nicht wirklich mit jener der Viṣvaksenasaṃhitā übereinstimmt. Indem er beide Texte in dieser Weise nebeneinanderstellt, erweckt er jedoch den Eindruck, durch sie eine einheitliche Lehre von der Göttin darzulegen, die durch die Autorität beider Texte belegt wird und die er selbst zu vertreten scheint. In diesem Sinne ist jedenfalls der Satz zu verstehen, mit dem er das Zitat aus dem Lakṣmītantram einleitet: „Ebenso sagt in dieser Lehr[-Tradition] auch Lakṣmī selbst in einem anderen [Text] in jeweils entsprechender Weise, daß ihre und ihres Gatten Verbindung das [gegenseitige] Durchdringen (*vyāptiḥ*) ist, und daß [sie mit ihm] das Herr [über die Welt] Sein (*aiśvaryam*) besitzt.“[68]

Dieser Satz ist der einzige Ansatz, um Varadagurus Verständnis des zitierten Textes aus dem Lakṣmītantram zu verstehen, sodaß der Deutung dieses Verständnisses notwendigerweise ein gewisser hypothetischer Charakter zukommt. Den Schlüssel zu diesem Verständnis enthält die Aussage, daß Lakṣmī selbst in dem von ihm zi-

---

[66] PraP 6, 11f.

[67] Vgl. PraP 6, 1: *atha lakṣmī samabhyarcyā bhūminīlādibhiḥ saha ... prapannena viśeṣataḥ.*

[68] PraP 6, 12cdf.

tierten Text sage, daß das 'Durchdringen' (*vyāptiḥ*) die Verbindung (*saṃbandhaḥ*) zwischen ihr und ihrem Gatten (*nātha-*) sei, und daß [ihr und ihm] das „Herr [über die Welt] Sein" (*aiśvaryam*) zukomme. Mit beiden Begriffen nimmt Varadaguru den Gedanken von PraP 6, 7f.[69] auf und deutet damit an, daß die von ihm zitierte Stelle aus dem Lakṣmītantram als Erklärung der Viṣvaksenasaṃhitā - Stelle zu denken ist.

Es sind die beiden Begriffe *vyāptiḥ* und *aiśvaryam*, die jedoch beide im Text des Lakṣmītantram nicht vorkommen, die Varadaguru mit dem Text des Lakṣmītantram in Beziehung setzt und dieses so letztlich zur Interpretation der Viṣvaksenasaṃhitā heranziehen kann, indem er diese im Sinne des Lakṣmītantra als *tādātmyam*[70] und *ahaṃtā*, durch die jedes Seiende einschließlich des Gottes jeweils wirklich ist,[71] zu verstehen scheint, damit aber auch die Begriffe der *ahaṃtā* und des *tādātmyam* so verstehen muß, daß sie mit den Begriffen der *vyāptiḥ* und des *aiśvaryam* homologisierbar sind. Dies scheint zu bedeuten, daß Varadaguru die Beziehung von Gott und Göttin, die im Zitat der Viṣvaksenasaṃhitā, wenn auch in Begriffen der Schule[72], wegen der Verwendung des *vyāpti*-Begriffes philosophisch eher undeutlich artikuliert war, mit den Aussagen des Lakṣmītantra-Zitates vertiefen wollte.

Wenn dies seine Intention war, dann hatte er dies dadurch erreicht, daß er Gott und Göttin ontologisch als zwei eigenständige Realprinzipien der göttlichen Wirklichkeit verstand, die begrifflich als *aham* und *ahaṃtā* unterscheidbar ohne einander nicht vorkommen und daher nur zusammen diese eine Wirklichkeit konstituieren. Doch muß er im Sinne des Zitats der Viṣvaksenasaṃhitā daran festgehalten haben, daß die Göttin, das Prinzip der *ahaṃtā*, als 'Rest' (*śeṣaḥ*) auf Gott als ihrem *śeṣī* final hingeordnet ist, so daß der Begriff des *tādātmyam* in PraP 6, 20 von ihm nicht im Sinne einer advaitischen „Identität" verstanden werden konnte, sondern als Be-

---

69 *mayā yathā jagad vyāptaṃ svarūpeṇa svabhāvataḥ / tayā vyāptam idaṃ sarvaṃ niyantrī ca tatheśvarī // 7 mayā vyāptā tathā sāpi tayā vyāpto 'ham īśvaraḥ /.*

70 Vgl. PraP 6, 20: *tādātmyaṃ viddhi sambandhaṃ mama nāthasya cobhayoḥ //.*

71 Vgl. PraP 6, 14ff.

72 Vgl. PraP 6, 5: *guṇataḥ* bzw. *svabhāvato svarūpeṇa vyāptiḥ.*

griff der einen göttlichen Wirklichkeit, die durch Gott und Göttin zusammen im Sinne der Prinzipien des *aham* und der *ahaṃtā* konstituiert ist, und beide, Gott und Göttin, so gemeinsam *śeṣī* für das andere, geistige und ungeistige Seiende sind.

Diese Beziehung des *śeṣa-śeṣī*-Seins bietet ein Denkmodell, wie die Begriffe von *aham* und *ahaṃtā* bei Varadaguru vor dem Horizont der rāmānujeischen Brahma-Lehre verstanden werden können: Bei Rāmānuja ist die Welt als „Körper" und *śeṣaḥ* des Paramātmā ein eigenständiges Seiendes, das ohne den Paramātmā nicht vorkommt und so mit ihm die eine Wirklichkeit des Brahma bildet. Der *śeṣaḥ* in diesem Sinne ist ein Seiendes, dessen Wesen es ist, aus sich nur auf den *śeṣī* so hingerichtet zu sein, daß es kraft eigenen Wollens der Mehrung der überlegenen Vollkommenheit des *śeṣī* dient und so sein eigenes Sein verwirklicht. In diesem Sinne wird dann die Göttin als eigenständige Wesenheit verstehbar, die in der begrifflichen Perspektive der Theologie als *ahaṃtā* das Brahma des Vedānta als ihr *śeṣī* in die Konkretheit des *aham* als personaler Gott Viṣṇu-Nārāyaṇa vermittelt und so dessen Zwecken dient; ganz ähnlich wie die ewige *vibhūtiḥ* durch ihre eigenständige Wirklichkeit dem transzendenten Gott gestalthafte Konkretheit und so Erfahrbarkeit in Vaikuṇṭha vermittelt. Indem nämlich Varadaguru die Realprinzipien von *aham* und *ahaṃtā* im Sinne des *śeṣa-śeṣī*-Seins zueinander in Beziehung setzt, wird deutlich, daß für ihn nur durch das Zusammenwirken der beiden Wesenheiten die eine relationale göttliche Wirklichkeit konstituiert wird, wobei Vatsyavaradaguru die Göttin nicht mehr, wie dies noch Śrīrāmamiśra und sein Gegner getan hatten, als „Körper" (*śarīraḥ*) des Gottes zu bestimmen scheint. Die Relation des *śeṣa-śeṣī*-Seins ist nunmehr zur Gänze in die Eigenwirklichkeit (*svabhāvaḥ*) des göttlichen Seins verlagert, die ihrerseits als ganze *śeṣī* für das geistige und ungeistige Seiende der Welt ist.

Das Lakṣmītantram selbst scheint seinerseits das Verhältnis von Gott und Göttin im Sinne einer Entmythologisierung des mythologisch konkret verstandenen Paares von Gott und Göttin, wie es vermutlich noch bei Śrīrāmamiśra aufgefaßt war, als Beziehung der „quasi-ontologischen" Prinzipien von 'Ich' (*aham, ahamarthaḥ*) und 'Ich-heit' (*ahaṃtā*) gedeutet zu haben, sodaß diese im Text des Lakṣmītantram nicht wie in der Viṣvaksenasaṃhitā im Sinne eines wirklichen Unterschiedes von 'Rest' (*śeṣaḥ*) und 'Rest-Habendem' (*śeṣin*) verstanden sind, sondern im Sinne einer realen Identität (*tadātmyam*) von *aham* und *ahaṃtā* nach Art eines „advaitischen Evolutionismus“ von einander ungeschieden dem Prozeß der Evolution zugrunde liegen und diesen in seiner Dynamik bedingen, wobei die Göttin als das entscheidende Formprinzip der Wirklichkeit des Gottes in den Vordergrund tritt.

Die Interpretation von Varadagurus Text scheint sich zu bestätigen, wenn Varadaguru im Anschluß an das Zitat aus dem Lakṣmītantram zwei Stellen aus dem Viṣṇupurāṇam anfügt, die er mit den Worten einleitet: „Der ehrwürdige Parāśara sagt von ihr, daß sie 'brahma-förmig' (*brahmarūpinī*) ist“, und mit dem Ausdruck „brahma-förmig“ offenbar die im Zitat der Viṣvaksenasaṃhitā zum Ausdruck kommende Lehre aufgreift, daß die Göttin gleichen Wesens wie der Gott ist, die er mit dem Zitat des Viṣṇupurāṇam zu belegen scheint. Diese Bemerkung zeigt, daß die Göttin für Vatsyavaradaguru nicht wie im Lakṣmītantram ein „quasi-ontologischer Aspekt“ des göttlichen Seins ist, sondern durchaus ein eigenständiges Wesen in mytho-ontologischer Konkretheit bleibt, das nicht advaitisch-evolutionistisch relativiert werden darf.

Warum Varadaguru diese Verse aus dem Viṣṇupurāṇam gerade nach den beiden Pāñcarātra-Zitaten erwähnt, läßt sich wohl nur daraus erklären, daß sie am Ende jenes Abschnittes des 6. Kapitels seines Prapannapārijātam stehen, der das Eigenwesen (*svarūpam*) der Göttin darlegt; denn die folgenden Verse behandeln dann den im Grunde soteriologischen Aspekt der Göttin. Man möchte daher annehmen, daß Varadaguru das Zitat aus dem Viṣṇupurāṇam als zusammenfassende Charakterisierung der vorausgehenden Lehren gedacht hatte.

Wenn dies zutrifft, dann könnten die das Zitat einleitenden Worte Varadagurus einen guten Sinn erhalten. In Vasudhās Lobpreis Viṣṇus im 98. Adhyāya der Viṣṇusmṛtiḥ ist *brahmarūpaḥ* eine Anrufung Viṣṇus. Er ist *brahmarūpaḥ,* „von der Erscheinungsform Brahmas“, was von Nandapaṇḍita mit den Worten kommentiert wird: *brahma anirvacanīyaṃ rūpaṃ yasya*[73]. Das Wort *brahmarūpa-* bezeichnet Viṣṇu als den, dem die charakteristische „Seinsform“ des Brahma zukommt. Wenn Varadaguru daher sagt, daß Parāśara in Viṣṇupurāṇa 1, 8, 17f. die Göttin als *brahmarūpiṇī* bezeichnet, obwohl das Wort im Zitat nicht vorkommt, dann kann er wohl nur

[73] ViS 98, 29.

meinen, daß auch sie so wie Viṣṇu die „Seinsform" des Brahma besitzt und so mit Viṣṇu gleichen Wesens ist. Damit würde sich bestätigen, daß Varadaguru das Zitat aus dem Viṣṇupurāṇam in diesem Sinne als abschließende Zusammenfassung der vorhergehenden Lehren vom Wesen der Göttin gemeint hat und das Zitat in diesem Sinne zu interpretieren ist und nicht nur als Aussage von ihrer „Allgegenwart" (*sarvagatatvam*). Eine solche Interpretation überliefert der Kommentar des Viṣṇucitta zu diesem Vers des Viṣṇupurāṇam[74] tatsächlich, die zeigt, daß man diesen Vers in der Schul-Tradition in diesem erweiterten Sinne verstanden hat:

„[Wenn er (= Parāśara)] *nityā* [sagt]", kommentiert Viṣṇucitta, „schließt er [etwas] aus. Sie, die von Viṣṇu, dem Vater der Welt, untrennbar ist, ist als Mutter der Welt so wie Er ewig (*nityā*). Ihr kommt so wie Viṣṇu ein Hervorkommen und Verschwinden zu. Einst ging sie als Tochter Bhṛgus hervor und später, als sie auf Grund eines Fluches Indras als Durvāsa verschwunden war, ging sie bei der Quirlung des Ambrosia [wieder] hervor. Daher gibt es keinen Widerspruch. – *yathā*: Wie der allgegenwärtige Viṣṇu, [d. h.] welcher Natur (*svabhāvaḥ*) Er ist, so ist auch sie, [d. h.] dieser Natur ist [auch] sie. [In diesem Sinne] werden [von Parāśara mit den Worten *yathā ... tathā*] Viṣṇus Allgegenwart, [seine] wahre Erkenntnis usw., welche die zu seinem Wesen (*svarūpa-*) [gehörenden] Perfektionen sind, und anderes mit einbezogen."[75] Anschliessend kommentiert Śrīviṣṇucitta den Vers aus der Sicht jener Lehre, die die Göttin als ewig emanzipierte Seele betrachtet: „Oder [aber] es ist

[74] Dieser Kommentar von Śrīviṣṇucitta ist vermutlich ein spätes Werk. Leider ist mir kein Anhaltspunkt für eine relative Datierung bekannt. Im Viṣṇucittīyam begegnet lediglich Śrīvatsāṅkamiśra als *terminus post quem*. Das Zitat eines Śrīviṣṇucitta zur Lehre von der Göttin aus einem Gadyavyākhyānam in Veṅkaṭanāthas CŚBh p. 12, 12 ist leider nicht verifizierbar (vgl. *ibid.* p. 12, Anm. 2). Eine Identität des Autors des Viṣṇucittīyam mit dem Autor des Prameyasaṃgrahaḥ und der Saṅgatimālā ist wenig wahrscheinlich, s. OBERHAMMER, Zur Lehre von der Göttin bei Meghanādārisūri, in: Studies in Hinduism III, pp. 87f.

[75] Viṣṇucittīyam zu ViP 1, 8, 17; p. 39, 18-21: *pariharati nityeti. viṣṇoḥ jagatpitur viṣṇor anapāyiny eṣā jaganmātṛtvena tadvan nityā. tasyāś ca viṣṇor ivāvirbhāvatirobhāvau staḥ. sā pūrvaṃ bhṛgoḥ sutātvenāvirbhūtā paścād indrasya durvāsasaś śāpāt tirobhūtvāmṛtamathane prādurbhūtā. ato na virodhaḥ. yatheti. sarvagato viṣṇuḥ yathā yatsvabhāvaḥ iyam api tathā tatsvabhāveti viṣṇoḥ sarvagatatvasatyajñānādisvarūpakalyāṇaguṇādīnām atideśaḥ.*

der Erhabene dank [seines] Allverbreitetseins (*vibhutvena*) allgegenwärtig (*sarvagata-*); [und in diesem Sinne] wird von ihr, auch wenn sie atomklein ist (*aṇutve 'pi*), gesagt, daß sie allgegenwärtig ist, da sie kraft seiner Macht überall mit [ihm] verbunden ist. Und [in dieser Weise] ist diese allgegenwärtig."[76] Es kann nach dem bisher gesagten kein Zweifel bestehen, daß Varadaguru den betreffenden Vers des Viṣṇupurāṇa so verstanden hat, daß die Göttin in ihrer Seinswirklichkeit (*svabhāvaḥ*) ihrem Gatten gleich ist.

In der Folge geht Varadaguru, nachdem er in dem Abschnitt 6,5-23ab seines Prapannapārijātam die Theologie der Göttin in ihren grundsätzlichen Aspekten, nämlich Wesen (*svarūpam*) und Eigenwirklichkeit (*svabhāvaḥ*) der Göttin, ihre Beziehung zu ihrem Gatten (*vyāptiḥ, śeṣaśeṣibhāvaḥ*) sowie ihre Ewigkeit und Allgegenwart durch autoritative Zitate dargelegt hat, dazu über, ihren soteriologischen Aspekt zu erörtern, der in der späteren Schultradition durch den Begriff des *puruṣakāraḥ* umschrieben wird. Der Terminus, der bei Rāmānuja fehlt, kommt spätestens um 1100 n. Chr. in der Schule auf. Er begegnet schon bei Pirāṉ Piḷḷāṉ, welcher der Tradition nach direkter Schüler Rāmānujas war, in seinem Kommentar zu Nammāḻvārs Tiruvāymoḻi.[77] Auch Meghanādārisūri[78] und Vyāsārya kennen diesen Terminus,[79] der in seiner Anwendung auf die Göttin üblicherweise als „Mittlerin" und „Mediatrix" übersetzt wird und wörtlich wohl als „einer, der im Interesse der Menschen tätig ist" zu übersetzen ist.

Der den Abschnitt PraP 6, 23cd-26ab umfassende Text zeigt in seiner Diktion einen gewissen Unterschied zu den vorhergehenden Zitaten. Er wird von Varadaguru ohne Hinweis auf eine Quelle eingeführt und bringt mit dem Verbum *vande* in der ersten Person Singular einen neuen, persönlichen Ton in die Darstellung. Es ist kein Zufall, daß der Herausgeber des Textes versucht war, das Ver-

---

[76] Viṣṇucittīyam zu ViP 1, 8, 17; p. 39, 21f.: *athavā bhagavān vibhutvena sarvagataḥ; asyās tacchaktivaśād aṇutve 'pi tatra tatra saṃdhānāt sarvasagatvam uktam. iyaṃ ca sarvagatā.*

[77] Siehe J.B. CARMAN, *loc. cit.* p. 244 und J.B. CARMAN and V. NARAYANAN, The Tamil Veda. Piḷḷāṉ's Interpretation of the Tiruvāymoḻi. Chicago, London 1989, pp. 76f.

[78] NDy p. 256, 22.

[79] Siehe das Zitat im Catuḥślokībhāṣyam p. 12, 15.

bum *vande* durch *arcet* zu ersetzen, was dem ritualistischen Kontext mehr entspräche, wie er sagt.[80] Dennoch erinnert der Text mit seinen fast litanei-artigen Attributen der Göttin eher an ein Stotram als an eine Ritualvorschrift; auch ist es, da der Hinweis auf ein Zitat fehlt, unwahrscheinlich, daß Varadaguru hier mit eigenen Worten die Verehrung der als „Mittlerin" (*puruṣakāra*) gefeierten Göttin vorschreiben würde. Es scheint wahrscheinlicher anzunehmen, daß Varadaguru hier mit dem Verbum in der ersten Person selbst zu Wort kommt, oder daß er aus einem Stotram zu Ehren der Göttin zitiert, so daß das Verbum *vande* zu Recht verwendet sein dürfte.

Der Text preist die Göttin in ihrem dreifachen Wirken im Interesse der Seelen: In Vers 6, 24 preist sie der Text als jene, die vorgängig, aus eigenem Antrieb (vgl. *svayam*), ohne vom Wollen ihres Gatten veranlaßt zu sein, als geliebte Gattin „Mittlerin" der Menschen ist (vgl. *puruṣakāratām anutiṣṭhantīm*), die ins Böse verstrickt unfähig sind, ihr Heil zu wirken und so Zuflucht bei ihrem Gatten suchen (vgl. *bhartur āśrayaṇe*), und die dies wirkt, indem sie dessen milde Zuneigung (*vātsalya-*) verstärkt.

Der Vers 6, 25 ist in seiner Bedeutung weniger explicit. Der Ausdruck *upāyasamaye*, „zum Zeitpunkt des Mittels", gewinnt einen guten Sinn, wenn er im Kontext der frühen Schultradition so interpretiert wird, daß die Göttin im „Zeitpunkt des Mittels" die Erkenntnis und Macht usw. ihres Gatten mehrt: In der Kommentierung von Bhagavadgītā 18, 66[81] schreibt Rāmānuja paraphrasierend: „Behalte nur mich allein in Deinen Gedanken als den Bewirker, als den zu Verehrenden, als den, den Du erlangen sollst und der das Mittel (*upāyaḥ*) [dazu] ist."[82] Und weiter: „Nimm Deine Zuflucht zu mir allein, der ich [voll] höchsten Mitleids bin, der allen Zuflucht gewährt, ohne der Unterschiede zu achten, und der ich ein Meer mütterlicher Zuneigung zu jenen bin, die sich auf mich

[80] Vgl. PraP p. 32: *arcanaprakaraṇāt iha vande iti atra arced iti pāthaḥ syāt.*

[81] „Wenn [Du] alle Dharmas aufgegeben hast, nimm Deine Zuflucht zu mir allein. Ich werde Dich von allem Bösen befreien. Sorge Dich nicht." *sarvadharmān parityajya mām ekaṃ śaraṇam vraja / aham tvā sarvapāpebhyo mokṣayiṣyāmi mā śucaḥ //.*

[82] RGbh p. 492, 17f.: *mām ekam eva kartāram ārādhyaṃ prāpyam upāyam cānusaṃdhatsva.*

stützen."[83] Veṅkaṭanātha bemerkt dazu: „[Das Wort] 'Mittel' (*upāyaḥ*) bezeichnet den Gegenstand des Wortes 'Zuflucht' (*śaraṇam*)", und zur zweiten Stelle: „Die Eigenschaften wie höchstes Mitleid usw. werden in dem Sinne erwähnt, daß das Mittelsein (*upāyatvam*) ihm zukommt, der durch die Eigenschaften des Mitleids usw. ausgezeichnet ist, weil er dieses (= *śaraṇam*) bewirkt."[84]

Aufgrund dieser und ähnlicher Textstellen kann man den Ausdruck *upāyasamayaḥ* dann verstehen als den Zeitpunkt, in dem Gott selbst zur „Zuflucht" des Zufluchtsuchenden wird.[85] Nur in dieser Interpretation macht Varadagurus Bemerkung Sinn, daß die Göttin in diesem Zeitpunkt Erkenntnis, Macht usw. (*jñānaśaktyādi-*) des Gatten mehrt. Diese Bemerkung wird nämlich verständlich, wenn man sich beispielsweise an Rāmānujas Erklärung von BrSū 3, 2, 37 erinnert, wo es heißt: „Denn nur er, der allwissend, allmächtig und großmütig ist, ist imstande, wenn er zufolge der Verehrung durch Opfer, Gaben, Homas usw. zufriedengestellt ist, alle diesseitigen und jenseitigen Genüsse, aber auch die Emanzipation in Form der Erlangung [der Vereinigung mit] Seinem Eigenwesen zu gewähren."[86] Hier wird deutlich, warum die Göttin im Zeitpunkt des Zufluchtsuchens „Erkenntnis, Macht usw." des Gottes wachsen läßt. Es sind die Eigenschaften Gottes, die sein Zufluchtgewähren möglich machen. Mit dem Ausdruck usw. (*ādi*) im Kompositum *jñānaśaktyādivardhinī* (PraP 6, 25) ist daher *mahodāraḥ* (Rāmānuja) beziehungsweise *paraṃ kāruṇyam* (Veṅkaṭanātha) einzusetzen, ohne das Allwissenheit und Allmacht noch nicht genügen würden, Zuflucht und so Heil zu gewähren. Durch das Mehren dieser Eigen-

---

[83] RGbh p. 492, 28f.: *mām ekaṃ paramakāruṇikam anālocitaviśeṣāśeṣalokaśaraṇyam āśritavātsalyajaladhiṃ śaraṇaṃ prapadyasva.*

[84] TC p. 495, 12f.: *upāyatvaṃ ca kāruṇyādiguṇaviśiṣṭasyopāyasthāne 'vasthāya tatkāryakaraṇādityabhiprāyeṇa paramakāruṇikatvādiguṇoktiḥ.*

[85] Es ist unwahrscheinlich, daß hier andere Heilswege (*upāyaḥ*) gemeint sind als Gott selbst, der Zuflucht gewährt, auch wenn das Lakṣmītantram, das Varadaguru zitiert, vier Wege (*upāyaḥ*) kennt. (Vgl. LT 17 und 18). Doch selbst wenn Varadaguru hier an das Lakṣmītantram denken sollte, kann wohl nur der vierte (LT 18) Heilsweg, scil. *śaraṇāgatiḥ*, gemeint sein.

[86] Śrībh p. 316, 21-23: *sa eva hi sarvajñas sarvaśaktir mahodāro yāgadānahomādibhir upāsanena cārādhita aihikāmuṣmikabhogajātaṃ svasvarūpāvāptirūpam apavargaṃ ca dātum iṣṭe.*

schaften ihres Gatten hilft die Göttin den Heil suchenden Seelen dadurch, daß Gott deren Zuflucht wird, dieses zu erlangen.

Im Interesse der emanzipierten Seelen (*muktānām*) steigert sie schließlich die Schönheit (*saundarya-*) und die anderen Perfektionen Gottes, um deren Seligkeit zu vergrößern (*bhogavr̥ddhyartham*).

Der diesen Abschnitt abschließende Vers 6, 26 kann ohne weitere Parallelstellen kaum eindeutig interpretiert werden. Der Ausdruck *ākāratrayasampannā*, „sie, die in der Dreiheit ihrer Erscheinungsform vollendet ist" bleibt kryptisch. Dies kann auch der Herausgeber des Textes, trotz der Vielzahl seiner Deutungsvorschläge, nicht verhehlen.[87] Wenn die hier vorgelegte Interpretation von PraP 6, 23-25 zutreffend ist, die versucht, das „Mittlersein" (*puruṣakāratā*) der Göttin durch die von Varadaguru genannten Aspekte in dreifacher Weise zu interpretieren, möchte man den Ausdruck *ākāratrayasampannā* textimmanent auf diese drei Aspekte ihres „Mittlerseins"[88] beziehen.

Der hier vorgelegte Text Vatsyavaradagurus ist nicht wegen einer besonderen literarischen Originalität wichtig, die ihm als Kompilation autoritativer Texte fehlt, sondern weil er in Auswahl und Zusammenstellung der Texte eine für Varadaguru charakteristische Form der Theologie der Göttin erkennen läßt und darüber hinaus bei näherer Betrachtung die religiöse Dimension der Schule aus der Zeit nach Rāmānuja in den Blick bringt. Er bezeugt weiters bei aller Dominanz der Vedānta-Tradition den Glauben an die Autorität des Pāñcarātra, der bei Rāmānuja und offenbar auch bei Śrīrāmamiśra nicht thematisch wird. Varadaguru argumentiert, wenn man von dem Zitat aus dem Viṣṇupurāṇam absieht, nur mit Texten der Pāñcarātra-Tradition, und auch die Einführung der Theologie der Göttin ist aus der Notwendigkeit der rituellen Verehrung der Göttin veranlaßt, die, soweit man dem Kontext glauben darf, der Tradition des Pāñcarātra verpflichtet zu sein scheint.

Dennoch fällt auf, daß es nicht die rituelle Verehrung der Göttin ist, an der Varadaguru in diesem Text interessiert ist. Was er, wenn auch mit Zitaten aus der Viṣvaksenasaṃhitā und dem Lakṣmītantram, bietet, ist zunächst eine recht abstrakte Theologie der

---

[87] Vgl. seine Anmerkung PraP p. 32.

[88] Nämlich als *vātsalyādyupabr̥ṃhiṇī*, als *jñānaśaktyādivardhinī* und als *saundaryādivivr̥dhiṇī*.

Göttin, wobei die Lehre der Viṣvaksenasaṃhitā eine Begrifflichkeit aufweist, die für eine tantrische Tradition ungewöhnlich ist und an Gedanken Rāmānujas in seinem Bhagavadgītābhāṣyam erinnert.[89] Wenn man in diesem Zusammenhang bedenkt, daß die Lehre von den fünf Körpern Gottes, in deren Zusammenhang der aus der Viṣvaksenasaṃhitā zitierte Text stammt,[90] von der Saṃhitā selbst „Gelehrten des Vedānta“ (*vedāntaparagāḥ*) zugeschrieben wird,[91] so bestätigt sich der Eindruck der Nähe der Viṣvaksenasaṃhitā, oder jedenfalls dieses verlorenen Abschnittes der Saṃhitā zur viṣṇuitischen Vedānta-Tradition, die man auch im Falle anderer Pāñcarātra-Traditionen zu fassen können glaubt. So scheint beispielsweise die Paramasaṃhitā in einem bestimmten Zeitpunkt im Sinne viṣṇuitisch-orthodoxer Bhaktifrömmigkeit überarbeitet worden zu sein.[92]

Es scheint daher eine viṣṇuitische Orthodoxie[93] gegeben zu haben, die zunächst die Rāmānuja-Schule in ihrer Religiosität bestimmt hat und gleichzeitig die Nähe zum Pāñcarātra ermöglicht hat. Es ist nicht wahrscheinlich, daß dies die Tradition der Āḻvārs gewesen sein könnte. Sie scheint es gewesen zu sein, welche den Anstoß zu einer Theologie der Göttin in der Schule gegeben hat. Denn etwa die Lehre von der „Mittlerschaft“ (*puruṣakāratā*) der Göttin scheint nicht dem Denken eines tantristischen Ritualismus zu entstammen, noch auch der Brahmalehre einer Vedāntatradition

---

[89] Siehe oben pp. 31f.

[90] Vgl. PraP 6, 5, *paravyūhādikān pañca prakārān ātmano vadan*, und oben pp. 30f.

[91] Vgl. NySiddhV p. 394, 8. Auch Viṣvaksena selbst wird im Zitat aus der Viṣvaksenasaṃhitā (PraP 6, 12ab) als *vedāntapāragaḥ* bezeichnet.

[92] Vgl. OBERHAMMER, Beobachtungen, und ders., Bemerkungen; M. CZERNIAK-DROŻDŻOWICZ, Order of Creation in the Paramasaṃhitā, in: Studies in Hinduism II, pp. 43-54, und dies., *Aṣṭadhāvidhi.* The Eight-fold Division of the Daily Religious Obligations According to the Paramasaṃhitā, in: Studies in Hinduism III, pp. 33-59.

[93] Dieser dürften beispielsweise auch die beiden in der Paramasaṃhitā auszugsweise zitierten Hymnen ParS 29, 21-33 und 31, 37-66 (vgl. dazu OBERHAMMER, Beobachtungen, pp. 33-40) zuzuordnen zu sein, die wohl kaum aus tantrischer Spiritualität entstanden sein können und, soweit sich dies beim gegenwärtigen Stand der Forschung sagen läßt, älter als die Rāmānuja-Schule sein müssen. Möglicherweise ist auch der frühe Yādavaprakāśa dieser Tradition zuzuzählen.

im engeren Sinne. Vielmehr scheint diese Lehre aus Gedanken purāṇisch beeinflußter Theologie zu kommen und auf Vorstellungen zurückzugehen, wie sie auch bei Viṣṇucitta, wohl dem Verfasser des Prameyasaṃgrahaḥ, begegnen[94] und bei Varadaguru im letzten Abschnitt des zitierten Textes (PraP 6, 23-25) faßbar sind. Diese Form des Denkens scheint, wenn die oben vorgetragene Interpretation des Fragmentes aus dem Ṣaḍarthasaṃkṣepaḥ richtig war, auch für Śrīrāmamiśra charakteristisch gewesen zu sein, bei dem ebenfalls keine echten Anklänge an das Pāñcarātra gegeben waren. Man könnte dann diese Vaiṣṇava-Tradition zwischen Vedānta und Pāñcarātra mit ihrer gegenseitigen Nähe zu beiden als ursächliche Vorstufe der vollen Rezeption des Pāñcarātra durch die Rāmānuja-Schule in der späteren Zeit betrachten.

§ 3. *Meghanādārisūris Rezeption der Theologie der Göttin*

Wenn auch Vatsyavaradagurus Ausführungen zur Göttin in seinem Prapannapārijātam in Form der Aneinanderreihung einschlägiger Textstellen der autoritativen Überlieferung – im wesentlichen jener des Pāñcarātra – kaum als eine begrifflich ausgeführte Theologie der Göttin gelten können, so zeigen sie dennoch in der konkreten Zusammenstellung der betreffenden Textstellen, daß ihnen bereits eine solche Theologie als strukturierendes Konzept zugrundeliegt, welches Auswahl und Kombination der zitierten Stellen ermöglicht und eine andere Form zeigt, als dies bei Śrīrāmamiśra der Fall gewesen zu sein scheint. In diesem Konzept sind bereits alle wesentlichen Elemente der späteren Theologie der Göttin, einschließlich ihrer Rolle als „Mittlerin" (*puruṣakāratā*) zwischen dem Menschen und Gott, enthalten. Auch bei Meghanādārisūri, vielleicht ein jüngerer Zeitgenosse Vatsyavaradagurus,[95] wird diese Theologie faßbar, die jedoch bei Meghanādārisūri, anders als bei Varadaguru, frei von Einflüssen des Pāñcarātra zu sein scheint und wie in einer „kritischen" Rezeption gebrochen erscheint.

---

[94] Vgl. CŚBh p. 12, 12-14: *uktaṃ ca śrīviṣṇucittaiḥ gadyavyākhyānārambhe mātṛtvaikarūpāṃ śriyaṃ prapadyate. mātā hi hitād api putrasya priyam eva paśyati pitā ubhayaṃ paśyati ato daṇḍadharatvahīnataivāvalambanam asyāṃ daśāyām asīd iti.*

[95] Zur versuchsweisen Datierung vgl. OBERHAMMER, Materialien II, p. 73, Anm. 195.

Meghanādārisūri eröffnet seine Diskussion der Lehre von der Göttin in seinem Nayadyumaniḥ[96] mit einer eher ausführlichen Darlegung einer grundsätzlichen Frage:

„Welcher Seite ist die Göttin, deren Sitz der Lotos ist, zuzuzählen? Diesbezüglich besteht [nämlich] ein Zweifel: Weil mit [den Worten]: ‘wie Viṣṇu allgegenwärtig ist, so ist es auch diese’[97] usw. [für sie] die Allgegenwart [in der gleichen Weise] wie für den Paramātmā erwiesen ist, ist sie dem Paramātmā zuzuzählen. In [dem Text]: ‘die Gattin Viṣṇus ist die Herrin dieser Welt’[98] usw. ist auch geoffenbart, daß sie wie Nārāyaṇa Lenkerin (*niyantṛtva-*) der Welt ist, [und in dem Text]: ‘Du bist die Mutter’[99] usw. auch, daß [sie] Ursache der Welt ist. Wenn sie nicht auf [die Seite Gottes, sondern] unter die ewig Emanzipierten gehörte und sich nicht um die Welt kümmerte, würde dies den eben beigebrachten [Aussagen der] Śruti widersprechen. Doch ist dies [auch wieder] nicht richtig, weil, wenn dies so wäre, eine Teilung (*bhedaḥ*) des Paramātmā die Folge wäre. In [der Aussage:] ‘in der Mitte ist der Paramātmā anwesend’[100] usw. ist [aber] geoffenbart, daß der Paramātmā ein einziger ist. [Auch] ist in [der Aussage:] ‘woher fürwahr diese [Wesen] sind’[101] usw. geoffenbart, daß nur ein einziges [Wesen] die Ursache der Welt ist. Wenn man [aber sagt], daß sie dann unter die [ewig] Emanzipierten gehört, [so ist dies] nicht [so], weil [dies] den zuvor beigebrachten Zeugnissen [der Śruti] widersprechen [würde] und weil im Vedārthasaṃgrahaḥ[102] das Unterschiedensein der himmlischen Gattin [des Gottes] von den ewig Emanzipierten dargelegt ist. Ein geistiges Seiendes, das vom Paramātmā und den Seelen unterschieden wäre, wird aber nicht vertreten. Daher wissen wir nicht, welcher Seite sie zuzuzählen ist.“[103]

---

[96] NDy pp. 255, 3 – 257, 4.

[97] ViP 1, 8, 17.

[98] TaitS 4, 4, 12.

[99] ViP 1, 9, 126 = TaitS 2, 11, 26.

[100] TaitĀ 10, 11, 2.

[101] TaitU 3, 1, 1.

[102] VedS p. 166, 10ff.

[103] NDy p. 255, 3-13: *nanu devī padmāsanā kasyāṃ koṭāv antarbhūtā? atra saṃśayaḥ yathā sarvagato viṣṇus tathaiveyam ityādinā paramātmana iva*

Die Stelle ist kein eigentlicher Pūrvapakṣa; sie enthält keine Gegenposition, gegen die Meghanādārisūri polemisieren würde. Sie beschränkt sich darauf, einen Zweifel mit entsprechenden Gründen vorzutragen, wie dies auch häufig in den Mīmāṃsāsūtren passiert, um ein Problem zu formulieren. Sie setzt jedoch voraus, daß Meghanādārisūri beide alternativen Positionen kennt, durch die der Zweifel ausgelöst wird. Bemerkenswert ist, daß beide Positionen nur mit Zeugnissen der autoritativen Überlieferung im wesentlichen vedischer Tradition und ohne philosophisch-rationale Argumente begründet werden.

Der Text erinnert an jene Erklärung von ViP 1, 8, 17 aus dem Viṣṇucittīyam, die schon anläßlich der Zitierung dieses Verses durch Varadaguru[104] erwähnt wurde. Das Viṣṇucittīyam hatte den Vers aus derselben doppelten Sicht wie die Problemstellung bei Meghanādārisūri erklärt, ohne sich für eine der beiden Auffassungen zu entscheiden. Auffallend ist jedoch die Erklärung des Halbverses ViP 1, 8, 17cd aus der Sicht der Wesensgleichheit von Gott und Göttin: „Wie der allgegenwärtige Viṣṇu, [d.h.] welchen Wesens (*yatsvabhāvaḥ*) er ist, so, [d.h.] dieses Wesens (*tatsvabhāvaḥ*), ist auch diese. [Damit] werden Viṣṇus Perfektion, die zu seinem Wesen gehören, wie Allgegenwart, wahre Erkenntnis usw. [in die Bestimmung ihres Wesens] mit einbezogen."[105] Hier wurden offenbar die Worte: *yathā sarvagato viṣṇus tathaiveyam*, die im Viṣṇupurāṇam möglicherweise als Begründung des vorausgehenden Wortes *anapāyinī* im Sinne von: „Wie Viṣṇu allgegenwärtig ist, ist [näm-

---

sarvagatatvādisādhanāt paramātmakoṭāv evāntarbhūtā. asyeśānā jagato viṣṇupatnītyādau nārāyaṇasyeva jaganniyantṛtvam api śrūyate. tvaṃ mātetyādau jagatkāraṇatvam api. tadanantarbhāve tasyā nityamuktāntarbhāve jagadvyāpārābhāve ca pūrvodāhṛtaśrutyādivirodha iti. nāpi tat yujyate tathā sati paramātmabhedaprasakteḥ. madhye paramātmā vyavasthita ityādau paramātmā caika eva śrutaḥ. yato vā imānītyādau kāraṇatvam apy ekasyaiva śrutam. tarhi tasyā muktāntarbhāvo 'stu iti cet na; pūrvodāhṛtapramāṇavirodhāt. vedārthasaṃgrahe divyamahiṣyā nityamuktavyatiriktatvābhidhānāc ca. na ca paramātmajīvavyatiriktacetanātmavastvaṅgīkāraḥ. atas tasyāḥ kasyāṃ koṭyām antarbhāva iti na vijānīma iti.

[104] Siehe oben pp. 39f.

[105] Viṣṇucittīyam zu ViP 1, 8, 17; p. 39, 20f.: *sarvagato viṣṇuḥ yathā yatsvabhāvaḥ iyam api tathā tatsvabhāveti viṣṇoḥ sarvagatatvasatyajñānādisvarūpakalyāṇaguṇādīnām atideśaḥ.*

lich] auch sie", gemeint waren, als eine grundsätzliche Aussage über das Wesen (*svarūpam*) der Göttin verstanden. Bei Meghanādārisūri ist jedoch dieser Halbvers des Viṣṇupurāṇam als Aussage über die Allgegenwart der Göttin verstanden und nicht als Aussage über die Wesensgleichheit der Göttin mit dem Gott. Dies läßt sich aus seiner Bemerkung schließen, mit der er auf ViP 1, 8, 17cd zu sprechen kommt: „Weil [der Satz:] *yathā sarvagato viṣṇus* usw. in einem Lobpreis (*stotram*) vorkommt, meint dieser nicht, daß die [Śrī] allgegenwärtig ist."[106] Diese Bemerkung legt zusammen mit dem Kontext nahe, daß Meghanādārisūri diesen Halbvers nur als eine Aussage über die Allgegenwart der Göttin und nicht über ihr Wesen (*svabhāvaḥ*) verstanden hat.

Meghanādārisūri antwortet auf den von ihm als Einleitung formulierten Zweifel über das Wesen der Göttin, ob sie der Seite Gottes oder jener der ewig emanzipierten Seelen zuzuordnen ist, mit der Darlegung seiner Lehre von der Göttin:

„So [darf man] nicht [sagen], weil sie, da man in allen Vedānta[texten] nichts [davon] hört, daß sie Ursache der Welt wäre, zu den ewig Emanzipierten (*nityamukta-*) zu zählen ist. Da aus allen Vedānta[texten] erkannt wird, daß [jene] Realität, die Ursache der Welt ist, eine einzige ist, [kann es] nicht eine Zweiheit von Ursachen geben; und auch [deshalb], weil im Vedārthasaṃgrahaḥ u.a. nach dem Nachweis, daß nur Nārāyaṇa Ursache der Welt ist, lediglich die Existenz [seiner] Gattin usw. nachgewiesen wird. Anderenfalls, falls Śrī und deren Gatte zusammen [deren] Ursache wären, wäre gesagt, daß dieses Paar [gemeinsam] Ursache der Welt sei. Eine derartige Aussage des Bhāṣya-Verfassers (scil. Rāmānuja) gibt es aber nirgends, noch ist in der Śruti [geoffenbart], daß die Welt [aus dem Zusammenwirken dieses] Paares entstünde. Im Gegenteil, im Puruṣasūktam u.a. ist die Entstehung [der Welt] aufgrund eines einzigen [Wesens], das mit den Worten *puruṣa-* usw. bezeichnet ist, geoffenbart und nur auf sein Wollen zurückgeführt (*tatsaṃkalpamātramūlā*). Dort ist, [mit den Worten:] *hrīś ca te lakṣmīś ca patnau* usw. [lediglich] gesagt, daß Lakṣmī die Gattin dieses Puruṣa ist. Und Gattin ist nicht [nur] eine einzige, weil man aus dem eben herangezogenen Text ersieht, daß es zwei Gattinnen gibt. [Auch] ist in

---

106 NDy p. 256, 8f.: *stotragatatvād eva yathā sarvagato viṣṇur ityādes tasyā na sarvagatatvaparatā.*

dem [Text] *mahīm devīm viṣṇupatnīm* usw. gesagt, daß die Erde (*mahī*) ebenfalls [seine] Gattin ist. Auch wird vom Bhāṣya-Verfasser gesagt, das Śrī, Bhūmi und Nīlā [seine] Gattinnen sind, wenn er bemerkt *evambhūtabhūminīlānāyaka*,[107] und daher sind auch nicht [Gott und die Göttin als] Paar Ursache [der Welt]. In der Welt vernimmt man das Wort 'Paar' als anerkannt für die Gemeinschaft eines Mannes und einer Frau, nicht aber eines [Mannes] mit mehreren [Frauen]. Auch wird [in der Śruti] in besonderem nicht gehört, daß [der Gott] zusammen mit irgendeiner dieser [Gattinnen] Ursache [der Welt] ist. Im Gegenteil, in dem [Text:] *viṣṇoḥ sakāśāt*[108] usw. wird überliefert, daß nur Viṣṇu [allein] Ursache ist.

[Einwand:] In [dem Text:] *tvam mātā sarvalokānām devadevo hariḥ pitā* usw.[109] wird [doch] überliefert, daß das Paar [, Gott und Göttin,] Ursache der Welt ist. – Dies ist nicht [so], weil dieser Abschnitt [des Textes] ein Lobpreis (*stutiḥ*) der Śrī darstellt und diese nicht [im eigentlichen Sinne] zum Inhalt hat. Denn [dieses] Zeugnis [der autoritativen Überlieferung kann] nicht anders verstanden werden [denn als Lobpreis]. Hingegen meint [die Stelle] *viṣṇoḥ sakāśāt* sehr wohl, daß [Viṣṇu] Ursache der Welt ist.

Würde man, wo auch immer, Lobpreisungen im primären Sinne nehmen, auch wenn sie im Widerspruch mit einem anderen Erkenntnismittel (scil. mit einem anderen Zeugnis der autoritativen Überlieferung) stehen, würde auch Balarāma, der ein *śeṣa*-Teil [Gottes] ist, Ursache der Welt sein. Wurde [doch] vom Erhabenen zum Zweck der Tötung des Pralambha dessen (= Balarāmas) Lobpreis als Ursache der Welt mit [den Worten] zum Ausdruck gebracht: *tad arcyate vetsi na kiṃ yad ante tvayy eva viśvam layam abhyupaiti* usw.[110], und es ist [doch] bekannt, daß ein *śeṣaḥ* zu den ewigen Sūris gehört. Auch an [der Stelle:] *īśānam asya jagataḥ sarvadṛśam / īśānam indram* usw.[111] wird aufgrund des Lobpreises In-

---

[107] ŚarG 5.

[108] ViP 1, 1, 31.

[109] ViP 1, 9, 126: „Du bist die Mutter aller Welten, Hari, der Gott der Götter, ist [ihr] Vater."

[110] ViP 5, 8, 28. „Das empfiehlt sich. Weißt Du nicht, daß am Ende alles nur in Dir zur Auflösung kommt?"

[111] Atharvaśirasupaniṣad 4: „den alles sehenden Herren dieser Welt, Indra, den Herrscher."

dras usw. [auch von Indra] gehört, daß er Herr der Welt ist; und daher würde eintreten, daß auch er Herr der Welt ist. Daher haben Lobpreisungen, wenn sie im Widerspruch zu einem anderen Erkenntnismittel stehen, nicht den primären Sinn [ihrer Aussage]. Weil die [Aussage] *yathā sarvagato viṣṇuḥ* usw. in einem Lobpreis vorkommt, meint sie nicht die Allgegenwart (*sarvagatatvam*) der [Göttin]. Da [diese Stelle] mit dem [Wort] *tathā* die Form einer Einbeziehung [im Sinne einer analogen Aussage] hat, ist die Allgegenwart [der Göttin] nicht aus sich (*svataḥ*) gegeben. Denn im Falle einer aus sich [gegebenen] Allgegenwart ist ein Einbeziehen [im Sinne einer analogen Aussage] nicht möglich. Denn ein Einbeziehen (*atideśaḥ*) ist [nur] im Falle von etwas nicht [schon aus sich] Erlangten (*aprāpte*) gegeben. Denn bei den Naiyāyikas[112] ist allgemein anerkannt, daß bei einer Einbeziehung ein Wenigersein (*nyūnatā*) vorliegt. So beobachtet man dies auch im [Sprach]gebrauch, [wenn man sagt:] 'das Gesicht ist wie der Mond'. Denn dem Gesicht kommt nicht zur Gänze (*sarvātmanā*) eine Gleichheit mit dem Mond zu. Daher ist die Allgegenwart [der Göttin nur] vermittels der allgegenwärtigen Erkenntnis (*sarvagatajñāptidvārā*)[113] gegeben. – Ist aber nicht die Erkenntnis aus sich allgegenwärtig, so daß diese keines Einbeziehens (*atideśaḥ*) bedarf? – Dies ist nicht [so], weil sich, insofern als eine Befürchtung einer Verengung (*saṃkocaśaṅkā*) dieser [Erkenntnis] wie im Falle einer [im Saṃsāra] gebundenen Seele besteht, eine Einbeziehung (*atideśaḥ*) ergibt, um diese [Befürchtung] auszuschließen.

Auch darf [man] nicht [fragen], wie es möglich sei, sie als Mutter zu bezeichnen, wenn [sie] nicht Ursache von Nachkommenschaft ist, da dies dadurch möglich ist, daß sie Gattin des Paramātmā ist; es besteht [nämlich] keine Notwendigkeit, daß die Gattinnen unmittelbar [Nachkommenschaft] hervorbringen. Wird [doch] in [Aussagen] wie zum Beispiel: „Die Gattinnen des Vaters sind alle Mütter" usw., in der Überlieferung von [allen] Gattinnen des Vaters gelehrt, daß sie Mütter sind. Das direkte Muttersein aber wird [in

112 Der Herausgeber des Textes identifiziert diese *naiyāyikāḥ* als *mīmāṃsakāḥ*, womit er recht haben dürfte.

113 Vgl. PraP 6, 11: *tathātmanāṃ ca sarveṣāṃ jñānato vyāptir iṣyate.* – Der Gedanke wird deutlich, wenn man bedenkt, daß im Viśiṣṭādvaita das Erkennen (*dharmabhūtajñānam*) eine Substanz ist, die zu den Gegenständen hinausgeht und sie so dem Ātmā vermittelt.

Aussagen wie]: „Ich der Vater bin die Mutter dieser Welt“ usw. nur vom Erhabenen überliefert. Und diese Bezeichnung des Erhabenen ist hier, weil Er alles zum Körper hat, im eigentlichen Sinne [gemeint] (*mukhyaḥ*). [Diese] ihre [Bezeichnung] aber ist, sofern [man von ihr] nicht hört, daß sie alles zum Körper hat, nicht im eigentlichen Sinne [gemeint]. Außerdem wird [ihr] Mutter-Sein gelehrt, weil sie wie eine Mutter in Geduld mit den Fehlern aller Lebewesen nur mit zärtlicher Zuneigung zum Wohle der Seelen tätig ist und weil sie vom Paramātmā, um die Lebewesen zu behüten, als Mittlerin (*puruṣakāratvena*) beauftragt ist. – Das Herrinsein (*īśānatvam*) aber kommt ihr durch die Gnade des Paramātmā zu (*yuktam eva*), wie es dem Viṣvaksena [zukommt], Oberherr über alles zu sein. Daher gibt es außer im Falle des Paramātmā kein Ursache-der-Welt-Sein. Die Möglichkeit, daß ihr [dennoch] alles untergeordnet ist, ergibt sich zufolge ihres *dvāraśeṣī*-Seins, ist sie doch ‘Rest’ (*śeṣaḥ*) des Paramātmā. Weil auch sie so (= ‘Rest’) ist, wird die Lehre nicht aufgegeben, daß der Paramātmā [allein] *śeṣī* von allem ist.

Die Erwähnung der Gattin [Gottes] im Vedārthasaṃgrahaḥ usw. getrennt von den ewigen Wesen der Sūris ist aufgrund des Gobalīvardhanyāya zu sehen. Denn nicht wird der Stier (*balīvardhaḥ*) durch das Wort ‘Rind’ (*go-*) nicht bezeichnet. Dennoch besteht der [Sprach]gebrauch: ‘Bring das Rind (= Kuh) und den Stier’ usw. In dieser Weise ergibt sich im Vedārthasaṃgrahaḥ die getrennte Erwähnung [der Göttin], obwohl sie zu den [ewigen] Wesen der Sūris gehört. – Die Rede vom Gattinsein der Lakṣmī ist auch sekundäre Charakterisierung (*upalakṣaṇam*) des Gattinseins von Bhūmi und Nīlā, weil auch für diese beiden erwiesen ist, daß sie Gattinnen des [Gottes] sind, und weil dies auch [von Hari?] selbst anderswo gesagt wird. In diesem Sinne ist alles in Ordnung.“[114]

---

[114] NDy pp. 255, 14 – 257, 4: *maivaṃ tasyā vedānteṣu kāraṇatvāśravaṇān nityamuktāntarbhāvāt. sarvavedānteṣu kāraṇavastvaikyapratīter na kāraṇadvitvam. vedārthasaṃgrahādau nārāyaṇasyaiva jagatkāraṇatvam iti prasādhya tasya mahiṣyādisadbhāvamātrasādhanāc ca. anyathā śrītatpatyoḥ sāhityasyaiva kāraṇatve tanmithunaṃ jagatkāraṇam ity uktiḥ syāt. na caivaṃ kvacid bhāṣyakṛduktiḥ. na ca mithunāj jagatsṛṣṭiśrutiḥ. pratyutaikasmāt puruṣādiśabdanirdiṣṭāt tatsaṃkalpamātramūlaiva sṛṣṭiḥ śrutā puruṣasūktādau. adbhyaḥ saṃbhūta ity atra parasmād eva puruṣāj jagatsṛṣṭyādy abhidhāya tasya puruṣasya hrīś ca te lakṣmīś ca patnyāv ityādinā lakṣmīpatitvam uktam. patnī ca naikā pūrvodāhṛtāt patnīdvitvapratīteḥ. mahīṃ devīṃ viṣṇupatnīm ityādau mahyāpi tatpatnītvam ucyate. bhāṣyakāreṇāpi śrībhūminīlānāyakatvam apy uktam evaṃbhūtabhūminīlā-*

Meghanādārisūris Darstellung der Lehre von der Göttin ist anders als bei Śrīrāmamiśra, der mit juridischen und ritualistischen Überlegungen argumentiert hat, rein exegetisch, wobei auffällt, daß er sich auf das Zeugnis vedāntischer Tradition beschränkt und keine Texte des Pāñcarātra verwendet, wie er dies in anderem Zusammenhang sehr wohl tut. Bemerkenswert ist darüber hinaus, daß Meghanādārisūris Darstellung der Lehre von der Göttin im Grunde nicht

---

nāyaka ity vadatā. ato 'pi na tanmithunakāraṇatvam. mithunaśabdaś caikasyaikasyāś ca sāhitye prasiddhaḥ śruto loke na tv anekābhir ekasya sāhitye. na ca tāsu kayācit sahitasya kāraṇatvaṃ viśeṣataḥ śrūyate. pratyuta viṣṇoḥ sakāśād ityādau viṣṇumātrasya kāraṇatvaṃ smaryate. nanu tvaṃ mātā sarvalokānāṃ devadevo hariḥ pitetyādau mithunakāraṇatvaṃ smaryata iti tan na tatprakaraṇasya śrīstutiparatvena tatparatvābhāvāt. ananyathāsiddhaṃ hi pramāṇam. viṣṇoḥ sakāśād ityādi tu jagatkāraṇatvaparam eva. yatra kvāpi stotrāṇāṃ pramāṇāntaravirodhe 'pi mukhyārthasvīkāre śeṣāṃśabhūtahalāyudhasyāpi jagatkāraṇatvaṃ syāt. pralambabadhārthaṃ bhagavatā jagatkāraṇatvena tatstutiḥ kṛtā tad arcyate vetsi na kiṃ yad ante tvayy eva viśvaṃ layam abhyupaitītyādinā. śeṣaś ca nityasūryantargatatvena prasiddhaḥ. īśānam asya jagataḥ sarvadṛśam / īśānam indram ityādāv indrāder api stuter jagadīśatvaṃ śrutam iti tasyāpi jagatpatitvāpātaḥ. ataḥ pramāṇāntaravirodhe stutīnāṃ na mukhyārthaparatā. stotragatatvād eva yathā sarvagato viṣṇur ityādes tasyā na sarvagatatvaparatā. tathety atideśarūpatvāc ca na svataḥ sarvagatatvam. svataḥ sarvagatatve hi nātideśopapattiḥ. aprāpte 'hy atideśaḥ. atideśe ca nyūnatā naiyāyikajanaprasiddhā. yathā candras tathā mukham ityādiprayoge ca tathā dṛśyate. na hi sarvātmanā candrasāmyaṃ mukhasya. ataḥ sarvagatajñaptidvārā tasyāḥ sarvagatatvam. nanu jñānaṃ svataḥ sarvagatam iti tasyāpi nātideśāpekṣeti tan na; baddhajīvavat tasya saṃkocaśaṅketi tannirāsāyātideśopapatteḥ. na ca prajānāṃ kāraṇatvābhāve kathaṃ mātṛtvavyapadeśopapattir iti paramātmanaḥ patnītvena tadupapatteḥ. na ca patnīnāṃ sākṣājjananītvaniyamo loke tathātvenādarśanāt. ajananīnām api pitṛpatnīnāṃ mātṛtvam pitṛpatnyaḥ sarvā mātaro ityādau smaryate. sākṣānmātṛtvaṃ ca pitāham asya jagato mātetyādau bhagavata eva smaryate. tadvyapadeśaś ca parasya sarvaśarīratvāt tatra mukhyaḥ. tasyāstu na sarvaśarīratvaśravaṇam iti na tatra mukhyaḥ. kiṃ ca tasyā mātṛvat sarvaprāṇināṃ doṣasahiṣṇutayā vatsalatvenātmahite pravartakatvāt paramātmanā prāṇirakṣaṇe puruṣakāratvena niyuktatvāc ca mātṛtvavyapadeśaḥ. īśānatvaṃ tu paramātmaprasādāt tasyā yuktam eva. yathā viṣvaksenasya sarvādhipatyam. ataḥ paramātmavyatiriktasya na jagatkāraṇatvam. tasyā dvāraśeṣitvena sarvāśritatvopapattis tasyāḥ paramātmaśeṣatvāt. tasyā api tathātvān na paramātmanaḥ sarvaśeṣitvahāniś ca. vedārthasaṃgrahādau mahiṣyā nityasūrijanebhyaḥ pṛthagabhidhānaṃ gobalīvardanyāyāt draṣṭavyam. na hi balīvardasya na gopadavācyatā. tathāpi gāmānaya balīvarda cetyādiprayogo 'pi. evaṃ tasyāḥ sūrijanāntarbhāve 'pi pṛthaṅnirdeśo vedārthasaṃgrahe. lakṣmīpatitvakathanaṃ bhūminīlāpatitvasyāpy upalakṣaṇaṃ tayor api tatpatnītvasya siddhatvāt svenāpy anyatroktatvāc ceti sarvaṃ niravadyam.

eine ursprüngliche Darlegung dieser Lehre ist, sondern den Eindruck vermittelt, daß Meghanādārisūri eine bereits differenzierte Lehre von der Göttin vor Augen hat und sich kritisch mit dieser auseinandersetzt. Die Theologie der Göttin scheint für ihn kein zentrales Anliegen zu sein, sondern eher eine Lehre, die er nicht ignorieren kann und wohl auch nicht ignorieren will.

Der entscheidende Ansatz seiner Rezeption der Theologie der Göttin ist die Überzeugung, daß die Göttin, deren Existenz in der Tradition nicht in Frage steht, eine ewig emanzipierte Seele (*jīvaḥ*) und nicht ein göttliches Wesen gleicher Art wie ihr Gatte ist. Warum entscheidet sich aber Meghanādārisūri für diese Auffassung der Göttin? Die Antwort gibt er selbst, wenn er sagt, daß in keinem Text des Vedānta von der Göttin gelehrt werde, daß sie Ursache der Welt sei.[115] Diese Betonung des Ursacheseins der Welt (*jagatkāraṇatvam*) als grundlegender Wesensaspekt Gottes scheint der entscheidende argumentative Ansatz der Schule für den Glauben an Viṣṇu-Nārāyaṇa als den einzigen Gott gewesen zu sein. Nur Gott allein kann Ursache der Welt sein.

So führt auch Vatsyavaradaguru, vermutlich ein älterer Zeitgenosse Meghanādārisūris, seinen Nachweis, daß das höchste Wesen nur Viṣṇu-Nārāyaṇa ist, einzig mit Hilfe von Aussagen der Upaniṣaden unter Verwendung von exegetischen Prinzipien der Mīmāṃsā, vor allem des Prinzips, daß alle Aussagen der Śruti ohne Unterschied der Tradition (*sarvaśākhapratyayanyāyaḥ*) herangezogen werden können, wobei er gerade von jenen Aussagen der Śruti ausgeht, die lehren, daß das höchste Wesen die Ursache der Welt ist (*kāraṇavākyāni*)[116].

[115] Vgl. NDy p. 255, 14 (*tasyā vedānteṣu kāraṇatvāśravaṇān nityamuktāntarbhāvāt*), NDy p. 255, 27f. (*pratyuta ... viṣṇumātrasya kāraṇatvaṃ smaryate*) und NDy p. 256, 23f. (*ataḥ paramātmavyatiriktasya na jagatkāraṇatvam*).

[116] Siehe S. STARK, Vātsya Varadagurus Tattvanirṇaya. Teil 2: Übersetzung und Anmerkungen. (ÖAW, phil.-hist. Kl. Sb 570). Wien 1990, pp. 53ff. – Auch Meghanādārisūris Argumentation verwendet implizit oder explizit dieselbe exegetische Methode, wenn er sich nur auf Śruti-Zitate beschränkt und unterschiedslos von a l l e n Upaniṣaden sagt, daß sie die Göttin nicht als Ursache der Welt kennen, oder den *gobalīvardanyāyaḥ* ausdrücklich zur Argumentation heranzieht (vgl. NDy p. 256, 26ff.).

Mit diesem Denkansatz und seiner methodischen Ausführung ist Meghanādārisūri genötigt, zunächst textexegetisch zu zeigen, daß die Göttin nicht nur allein nicht Ursache der Welt ist, sondern ebensowenig zusammen mit ihrem Gatten. Meghanādārisūri zeigt zunächst, daß auch Rāmānuja in seinem Vedārthasaṃgrahaḥ lediglich die Existenz der Göttin als Gottes Gattin erwähnt,[117] und führt das Puruṣasūktam als Zeugnis dafür an, daß die Śruti ebensowenig die Schöpfung der Welt auf ein Paar (*mithunam*) zurückführt, sondern im Gegenteil nur den einen Puruṣa und sein Wollen als Ursache der Schöpfung lehrt. Bemerkenswert ist, daß er darüber hinaus die Stellung der Gattin des Gottes relativiert, indem er darauf hinweist, daß dort Hrī und Śrī als Gattinnen dieses Gottes genannt sind und auch Rāmānuja neben Śrī auch Bhūmi und Nīlā als Gattinnen des Gottes erwähnt, so daß von einem Paar im Sinne eines Mannes und einer Frau keine Rede sein kann, wie Meghanādārisūri meint[118]. Diese relativ lange und differenzierte Zurückweisung des Denkmodells eines ehelichen Paares (*mithunam*) als Ursache der Welt zeigt, daß dieses Denkmodell schon zur Zeit vor Meghanādārisūri in der Lehre von der Göttin verwendet wurde[119]. Auffallend ist Meghanādārisūris mythologische Vorstellung dieses Paares, die von jedem philosophisch-spekulativen Gedanken der späteren Zeit oder auch des Pāñcarātra[120] frei zu sein scheint, und an die Denkweise Śrīrāmamiśras, in dessen Tradition er steht[121], erinnert.

Meghanādārisūris theologischer Ansatz und die daraus resultierende Ablehnung dieses Denkmodells nötigt ihn, auf Aussagen des Viṣṇupurāṇam[122] einzugehen, die in der viṣṇuitischen Theolo-

---

[117] NDy p. 255, 15-19: „Anderenfalls, falls Śrī und deren Gatte zusammen Ursache [der Welt] wären, wäre gesagt, daß dieses Paar [gemeinsam] Ursache der Welt sei. Eine derartige Aussage des Bhāṣya-Verfassers gibt es aber nirgends.“

[118] NDy p. 255, 19-27.

[119] Aus einer späteren Zeit vgl. beispielsweise NySiddh p. 233, 22ff.

[120] Vgl. etwa Vatsyavaradagurus Lehre von der Göttin anhand von Aussagen der Pāñcarātrasaṃhitās. Siehe oben pp. 25ff.

[121] So nennt er in seiner Nayaprakāśikā als seinen Lehrer Atreyanāthārya und als einen der angesehensten Lehrer seiner Tradition Śrīrāmamiśra. Vgl. NDy, Einleitung des Herausgebers, p. 24.

[122] Vor allem ViP 1, 9, 126: *tvam mātā sarvalokānāṃ devadevo hariḥ pitā.*

gie offenbar verwendet wurden, um die Göttin wenigstens als Mitursache der Schöpfung und gleichen Wesens mit Viṣṇu verstehen zu können. Die überaus breite Erörterung dieser Stelle (NDy pp. 255, 29 – 256, 22), sie bildet den zweiten, längsten Teil seiner kritischen Auseinandersetzung mit der schulinternen Theologie der Göttin, zeigt wie wichtig diese Stellen genommen wurden. Die Erörterung gliedert sich in drei Argumente:

(a) Auffallend ist, daß Meghanādārisūri das Zeugnis von ViP 1, 9, 126 nicht einfach deshalb ausschaltet, weil es ein Zeugnis der Smṛti ist, das mit den Aussagen der Śruti inkompatibel ist. Offenbar war das Viṣṇupurāṇam in der viṣṇuitischen Theologie als autoritative Quelle der Theologie so geschätzt, daß dies nicht möglich war. Vielmehr brachte er eine andere Überlegung ins Spiel, nämlich den Gedanken, daß es in den autoritativen Texten trotz ihrer Autorität unterschiedliche literarische *genera* gebe, denen nicht die gleiche Aussagekraft zukommt. In diesem Sinne zeigte er, daß Aussagen, die in Lobpreisungen (*stutiḥ, stotram*) enthalten sind, wenn sie im Widerspruch mit anderen Zeugnissen der autoritativen Überlieferung im Widerspruch stehen, nicht im primären Sinne des Wortlautes zu verstehen sind[123]. Damit hatte Meghanādārisūri die Möglichkeit gefunden, solche Aussagen als Grundlage der Theologie der Göttin auszuschalten, nicht weil sie falsch wären – er wahrt die Autorität der Überlieferung –, sondern weil sie in ihrer Aussagekraft nicht ihren primären Sinn vermitteln, sondern in einem sekundären Sinn verstanden werden müssen.[124]

(b) In diesem Zusammenhang greift er zweitens ein anderes entsprechendes Zeugnis des Viṣṇupurāṇam[125] auf, welches offenbar verwendet wurde, um die Gleichartigkeit des Wesens der Göttin mit Viṣṇu zu beweisen, indem es so verstanden wurde, wie es beispiels-

---

[123] Vgl. NDy p. 256, 7f.: *ataḥ pramāṇāntaravirodhe stutīnāṃ na mukhyārthaparatā*. Das Wort *pramāṇa* kann hier nur andere Zeugnisse der autoritativen Überlieferung meinen und nicht ein anderes Erkenntnismittel wie Wahrnehmung und Schlußfolgerung, weil der Gegenstand der Offenbarung grundsätzlich nicht Gegenstand anderer Erkenntnismittel sein kann, und daher diese nicht im Widerspruch zur autoritativen Überlieferung der Offenbarung stehen können.

[124] Diese Argumentation reicht von NDy pp. 255, 29 – 256, 8.

[125] ViP 1, 8, 17: *nityaivaiṣā jaganmātā viṣṇoś śrīr anapāyinī / yathā sarvagato viṣṇus tathaiveyam dvijottama* // 17.

weise oben für Varadaguru erschlossen wurde[126] und von Viṣṇucitta in seiner ersten Erklärung von ViP 1, 8, 17cd ausdrücklich bezeugt ist. Meghanādārisūri bemerkt dazu, daß sich auch diese Aussage des Viṣṇupurāṇam in einem Lobpreis findet und daher nicht diesen Sinn haben kann[127], wobei er den betreffenden Halbśloka lediglich als eine auf die Allgegenwart (*sarvagatatvam*) der Göttin bezogene Aussage zu verstehen scheint und selbst in diesem Sinne noch relativiert: „Da [diese Stelle] mit dem [Wort] *tathā* die Form einer Einbeziehung [im Sinne einer analogen Aussage][128] hat, ist die Allgegenwart [der Göttin] nicht aus sich (*svataḥ*) gegeben. Denn im Falle einer aus sich [gegebenen] Allgegenwart ist ein Einbeziehen [im Sinne einer analogen Aussage] nicht möglich. Denn ein Einbeziehen (*atideśaḥ*) ist [nur] im Falle von etwas nicht [schon aus sich] Erlangten (*aprāpte*) gegeben. Denn bei den Naiyāyikas ist allgemein anerkannt, daß bei einer Einbeziehung ein Wenigersein (*nyūnatā*) vorliegt. So beobachtet man dies auch im [Sprach]gebrauch, [wenn man sagt:] 'das Gesicht ist wie der Mond'. Denn dem Gesicht kommt nicht zur Gänze (*sarvātmanā*) eine Gleichheit mit dem Mond zu. Daher ist die Allgegenwart [der Göttin nur] vermittels der allgegenwärtigen Erkenntnis (*sarvagatajñāptidvārā*) gegeben."[129] Meghanādārisūris Argumentation, daß ihre Allgegenwart nicht aus sich (*svataḥ*) dank ihres Wesens gegeben ist, arbeitet mit dem Gedanken, daß eine Aussage in der Form eines „so – wie" immer ein Fehlen einer vollen Identität aufzeigt, weil bei einer vollen Identität die Relation des „so – wie" im Sinne eines Einbeziehens (*atideśaḥ*) einer anderen Realität, um eine Erkenntnis von etwas zu vermitteln, immer nur möglich ist, wenn beide Elemente der vergleichenden Aussage nicht völlig identisch sind. Die Aussage: „der Mond ist wie der Mond" wäre in dem Sinne kein Einbeziehen (*atideśaḥ*). Dennoch muß Meghanādārisūri zeigen, wie die Stelle des Viṣṇupurāṇam eine gültige Aussage von der Göttin sein kann: Die Allgegenwart (*sarvagatatvam*) der Göttin ist dank ihrer allgegenwärtigen Erkenntnis (*sarvagatajñāptidvārā*) gegeben, nicht aber weil sie dies

---

[126] Siehe p. 27ff.

[127] NDy p. 256, 8f.: *stotragatatvād eva yathā sarvagato viṣṇur ityādes tasyā na sarvagatatvaparatā.*

[128] *tathety atideśarūpatvāt.*

[129] NDy p. 256, 8-13.

aus sich selbst wäre. Denn als ewig emanzipierte Seele kommt ihr ihrem Eigenwesen nach die Atomkleinheit (*aṇutvam*) zu. Nach Meghanādārisūri ist nämlich wie nach der allgemeinen Meinung der Schule die Erkenntnis eine Substanz, die zu den Dingen hinaustritt und überall hingelangen kann und so die Dinge dem geistigen Ātmā in der Erkenntnis vermitteln kann.[130]

Denselben Gedanken, den Meghanādārisūri hier auf die Göttin anwendet, um ihre Allgegenwart zu erklären, hatte auch schon die Viṣvaksenasaṃhitā im Zitat Varadagurus auf die beiden anderen Gattinnen Viṣṇus, Bhūmi und Nīlā, angewandt, um den Unterschied zwischen diesen und der Göttin zu thematisieren: „Ebenso sind Bhūmi und Nīlā, beide, als 'Rest' zu mir gelehrt. Ebenso wird das [All]durchdringendsein aufgrund der Erkenntnis (*jñānataḥ*) für alle Seelen (*ātmānām*) angenommen. Ein [All]durchdringendsein aufgrund des Eigenwesens (*svarūpataḥ*) gibt es im Falle dieser beiden aber nicht."[131] Meghanādārisūri bedient sich genau dieses Gedankens[132], um zu zeigen, wie von der Göttin die Allgegenwart ausgesagt werden kann, auch wenn sie als ewig emanzipierte Seele nicht wie ihr Gatte ihrem Wesen nach allgegenwärtig ist.

(c) In einem letzten Teil seiner Erörterung der Theologie der Göttin zeigt er, in welchem Sinne trotz seinem Verständnis der Göttin die Aussagen der traditionellen Theologie von der Göttin gemacht werden können[133]. Daß er dies tut, verstärkt den Eindruck, daß es sich bei seiner Erörterung der Theologie der Göttin letztlich um die kritische Rezeption ihm vorliegender Lehren von der Göttin handelt, an deren Stelle er eine andere theologische Konzeption setzt, daß er aber die Glaubensinhalte selbst nicht leugnen wollte, weil er selbst an sie glaubte. Auch für ihn ist die Göttin Mutter (*mātā*), Mittlerin (*puruṣakārā*), Herrin (*īśānā*) und *śeṣī* für alle Wesen. Die theologische Wertung dieser Begriffe unterscheidet sich jedoch von der Auffassung der Schule, wie sie bei Varadaguru und Veṅkaṭanātha faßbar ist:

---

[130] Siehe auch p. 31, Anm. 52.

[131] PraP 6, 4f. – Text oben p. 28, Anm. 44.

[132] Meghanādārisūri drückt dies aus, wenn er NDy p. 257, 2 bemerkt: *lakṣmīpatitvakathanaṃ bhūminīlāpatitvasyāpy upalakṣaṇam.*

[133] NDy p. 256, 15-25.

Die Göttin ist Mutter (*mātā*) der Wesen, weil sie sich wie eine Mutter der Wesen in Zuneigung annimmt und mit ihren Fehlern Geduld hat und, sofern sie zum Schutz der Wesen von ihrem Gatten beauftragt, hilfreiche Mittlerin (*puruṣakāratvam*) ist. Hier ist das Mittler-Sein der Göttin ein Aspekt ihrer mütterlichen Obsorge geworden und ihr von ihrem göttlichen Gatten als Aufgabe zugedacht. Der Unterschied zu Varadagurus Prapannapārijātam scheint entscheidend. Ohne Auftrag, aus sich selbst übt sie dort ihr Mittlertum (*puruṣakāratā*) aus, das auch nicht Aspekt ihrer Mütterlichkeit ist, sondern ihr als geliebter Gattin des Gottes möglich ist,[134] während die Mütterlichkeit ihrerseits hinter ihr Herrin-der-Welt-Sein (vgl. *aśeṣajagadīśitrī* PraP 6, 26) in den Hintergrund tritt und überhaupt nicht erwähnt wird. Demgegenüber rückt Meghanādārisūri ihre Mütterlichkeit stärker in den Vordergrund, versteht diese jedoch so, daß sie als Seele die Schöpfung nicht wie ihr Gatte hervorbringt und Herrin (*īśānā*) nur deshalb genannt werden kann, weil sie von ihrem Gatten dazu beauftragt ist.

Bemerkenswert ist Meghanādārisūris Auffassung des *śeṣī*-Seins der Göttin, das er mit dem Begriff des *dvāraśeṣitvam* umschreibt. Der Begriff wird von Meghanādārisūri nicht näher erklärt. Der einzige Hinweis zur Erklärung dieses Begriffes ist die Aussage „die Möglichkeit, daß ihr [dennoch] alles untergeordnet ist, ergibt sich zufolge ihres *dvāraśeṣī*-Seins, ist sie doch ‘Rest’ (*śeṣaḥ*) des Paramātmā. Weil auch sie so (= *śeṣaḥ*) ist, wird [die Lehre] nicht aufgegeben, daß der Paramātmā [allein] *śeṣī* von allem ist.“[135] Dies bedeutet, daß die Göttin sehr wohl *śeṣī* alles Seienden ist, daß aber ihr *śeṣī*-Sein nicht ein solches ist, daß sie nicht auch *śeṣaḥ* des Gottes sein könnte. Der Gedanke erinnert an das Fragment Śrīrāmamiśras aus dem Ṣaḍarthasaṃkṣepaḥ, wo der Gegner eingewendet hatte, daß die Göttin nicht *śeṣī* sein könne, weil etwas, das *śeṣaḥ* von etwas ist, nicht gleichzeitig *śeṣaḥ* von etwas anderem sein könne.[136] Dieser Einwand, wenn auf Welt und Göttin angewendet, bedeutet, daß die Welt, die *śeṣaḥ* Gottes ist, nicht auch *śeṣaḥ* der Göttin sein könne, und diese daher nicht, wie die Theologie der

---

[134] Vgl. PraP 6, 24: *svayaṃ puruṣakāratām / vāllabhyenānutiṣṭhantīm ...*

[135] NDy p. 256, 24f.

[136] NySiddh 233, 28: *nanu śeṣitvaviśiṣṭavidhir aśakyo 'nyaśeṣasya tadanyaśeṣatvāyogāt.*

Göttin lehrt, *śeṣī* der Welt sein könne. Śrīrāmamiśra hatte diesen Einwand kurz mit der Bemerkung abgetan, daß das *śeṣa*-Sein zu etwas auch dann möglich ist, wenn dieses selbst *śeṣaḥ* eines anderen ist[137]. In der Beantwortung dieses Einwandes, zumindest wie Śrīraṅgarāmānuja diese Stelle versteht, wird deutlich, daß der hier verwendete *śeṣa*- und *śeṣī*-Begriff vor allem im Sinne der Mīmāṃsā zu verstehen ist und nicht in jener ontologischen Bedeutung, die ihm Rāmānuja im Kontext seiner Körperdefinition gegeben hat,[138] wenngleich dieser Begriff seine Mīmāṃsā-Konnotation behalten hat. In diesem Sinne ist denn auch die Welt als *śeṣaḥ* der Göttin weder bei Śrīrāmamiśra noch bei Meghanādārisūri „Körper" der Göttin[139]. Im Sinne der Mīmāṃsā hatte Śrīrāmamiśra argumentiert, daß es sehr wohl möglich sei, wie die Struktur des Opfers zeige, daß ein *śeṣaḥ* des Opfers, beispielsweise die Reiskörner, ihrerseits *śeṣī* für einen anderen *śeṣaḥ*, beispielsweise das Besprengen der Reiskörner mit Wasser, sein könne und dieses so *śeṣaḥ* der Reiskörner und dadurch auch *śeṣaḥ* des Opfers ist.

Meghanādārisūri dürfte seinerseits diesen Gedanken aufgegriffen und auf die Göttin angewendet haben, um die Lehre vertreten zu können, daß die Göttin trotz ihres *jīva*-Seins *śeṣī* der Welt sein könne, ohne den Paramātmā als eigentlichen *śeṣī* der Welt in Frage zu stellen, weil auch sie im eigentlichen Sinne sein *śeṣaḥ* ist. Es scheint dieser Gedanke zu sein, den Meghanādārisūri mit seinem Begriff des *dvāraśeṣitvam* auszudrücken sucht. Die Göttin als *dvāraśeṣī* ist dadurch, daß sie selbst *śeṣaḥ* des höchsten Ātmā ist, ein untergeordneter *śeṣī*, der als „Zwischenglied" oder „Tor" (*dvāraḥ*) die Welt als *śeṣaḥ* hat, der jedoch selbst Gott auch unmittelbar zum *śeṣī* hat. Wenn dies richtig ist, hat Meghanādārisūri dem *śeṣī*-Sein

---

137 Vgl. NySiddh p. 234, 3: *śeṣatvam anyatrāpi avirodhāt.*

138 Vgl. Rāmānujas Körperdefinition in Śrībh II pp. 222, 11 – 223, 1: „Welche Substanz für welches geistige Wesen ihrem ganzen Wesen nach zu ihrem eigenen Zwecke zu lenken und zu erhalten ist, und [welche] das 'Rest'-dessen-Sein als ihre einzige Eigenform hat, die ist dessen Körper." (*yasya cetanasya yad dravyam sarvātmanā svārthe niyantum dhārayitum ca śakyaṃ taccheṣataikasvarūpaṃ ca tat tasya śarīram iti śarīralakṣaṇam āstheyam.*) Vgl. auch Rāmānujas Erklärung des Begriffes *śeṣa*- in VedS p. 151, 1-6 und OBERHAMMER, Materialien II, pp. 67ff.

139 Meghanādārisūri sagt dies in NDy p. 256, 20 auch explizit: *tasyās tu na sarvaśarīratvaśravaṇam iti na tatra mukhyaḥ.*

der Göttin trotz aller Relativierung des Begriffes eine für die Spiritualität entscheidende Bedeutung beigemessen, doch darf man das *śeṣī*-Sein der Göttin nicht so verstehen, als würde die Welt dadurch zum *śeṣaḥ* Gottes, daß sie *śeṣaḥ* der Göttin ist. Festzuhalten ist, daß Meghanādārisūri diesen Grundansatz, den Śrīrāmamiśra verwendet hatte, um den Einwand gegen das *śeṣitvam* der Göttin zurückzuweisen, anders als dieser verwendet, um den Begriff des *śeṣitvam* in seiner Anwendung auf die Göttin zu relativieren und so die Bedeutung, die er in der zu Veṅkaṭanātha führenden Schultradition erlangt hat, zu vermeiden. Denn Śrīrāmamiśra hatte offenbar die Lehre vertreten, daß die Göttin im gleichen Sinne unmittelbar *śeṣī* der Welt ist wie ihr Gatte. Anders läßt sich Śrīrāmamiśras juridisch-ritualistische Argumentation für das gleiche *śeṣī*-Sein von Mann und Frau für das gemeinsame Vermögen und die Notwendigkeit, das Opfer gemeinsam zu vollziehen, nicht verstehen.[140]

Mit seiner juristisch-ritualistischen Argumentation für das *śeṣitvam* der Göttin scheint Śrīrāmamiśra aber vor dem Horizont der Lehre, daß nur Gott allein Ursache der Welt sein kann und es daher nicht zwei göttliche Wesen gleicher Göttlichkeit geben könne, einen ersten theoretischen Ansatz für die Entfaltung der Lehre von der Göttin im Sinne zweier verschiedener Denkmodelle gegeben zu haben. Dieser juridisch-ritualistisch argumentierte Ansatz für die Gleichheit von Gott und Göttin konnte einerseits zum Denkmodell einer Wesensgleichheit von Gott und Göttin führen; oder andererseits dazu, daß man nicht bereit war, die Einzigkeit Gottes als Urheber und *śeṣī* der Welt in Frage zu stellen und man so eine Theologie der Göttin wie jene Meghanādārisūris entwickelte, in der die Göttin zu einer ewig emanzipierten Seele (*jīvaḥ*) wurde, und man alle jene Bestimmungen, die sie im religiösen Glauben der Tradition besaß, in einer Weise interpretierte, daß sie mit dieser ihrer ontologischen Stellung vereinbar waren.

§ 4. *Veṅkaṭanāthas Auseinandersetzung mit der Lehre von der Göttin*

Die Vielfalt in der Lehre von der Göttin nach Rāmānuja wird in der Sanskrit-Tradition der Schule vor allem bei Veṅkaṭanātha

[140] Siehe oben pp. 15ff.

faßbar, der in seinem Kommentar zu Yāmunamunis Catuḥślokī anders als in seinem Nyāyasiddhāñjanam ausführlich auf eine Reihe verschiedener Formen dieser Lehre eingeht und sich mit ihnen auseinandersetzt. Die Texte, die er in diesem Zusammenhang zitiert oder referiert, weisen durchwegs einen scholastischen Stil der Theologie auf und zeigen das Ringen um eine begrifflich ausgearbeitete Lehre des Glaubens an die Göttin. Bemerkenswert ist, daß er in seinem Kommentar zum vierten Śloka der Catuḥślokī auch zwei Denker der Schule zu Wort kommen läßt, die wie Meghanādārisūri versucht hatten, eine Lehre von der Göttin zu entwerfen, in der die Göttin als eine ewig emanzipierte Seele besonderer Art verstanden wurde, so daß Meghanādārisūris kritische Rezeption der Theologie der Göttin in einem historisch breiteren und differenzierteren Kontext zu stehen kommt.

a) Veṅkaṭanāthas Kommentar zu Catuḥślokī 4

In seiner Erörterung des zweiten Halbverses[141] referiert er vier recht unterschiedliche Lehren zum Wesen der Śrī, die das Bemühen der Schule um eine Theologie der Göttin deutlich machen. Der Text lautet:

(a) „Folgendermaßen sagen sie: Wie Gott, der seiner Natur nach allgegenwärtig ist (*vibhusvabhāvasya*), [auch] die Atomkleinheit (*aṇutvam*) zukommt, da er nicht fähig wäre, etwas ihm [als Allgegenwärtigen] Unmögliches auszuführen, ebenso kommt [auch] ihr, die ihrer Natur nach atomklein ist, eben ihr Allgegenwärtigsein (*vibhutvam*) zu. – Hier ist zunächst das Beispiel falsch. Wird doch im Falle Gottes nur zufolge der Determinierung durch einen bedingenden Umstand die Atomkleinheit angenommen, nicht aber seinem Eigenwesen nach (*svarūpataḥ*). Und wenn hier zufolge dessen, daß es [ihm] unmöglich ist, etwas [ihm als Allgegenwärtigen] Unmögliches auszuführen, zwei im Widerspruch stehende [Beschaffenheiten] möglich sind, was ist dann im Falle einer jeden These des Advaita und des Bhedābheda[-Vāda] falsch? – Und wenn man sagte, trotz ihres Atomkleinseins sei dank der Fähigkeit sich [räumlich] auszudehnen (*vikāsakaraśaktyā*) eine gelegentliche Allgegen-

---

[141] CŚ 1: *yāny anyāni ... rūpāni sarvāṇi tāny āhuḥ svair anurūparūpavibhavair gāḍhopagūdhāni te.* Die Übersetzung von Yāmunamunis Catuḥślokī siehe unten pp. 120ff.

wart nicht widersprüchlich? – Wenn [dies] so wäre, wäre, falls man nach dem Grundsatz der Gleichheit eine [solche] Weitung des Eigenwesens (*svarūpavikāra*) aller Seelen annimmt, [in der Tat] kein Widerspruch, [dann] wäre [aber] auch das Sūtram *na ca paryayād apy avirodho vikārādibhyaḥ*[142], welches die Jainas zurückweist, überflüssig.

Soll [dann] zufolge des [in den Worten]: *kā cānyā tvāṃ ṛte devi* usw.[143] [ausgedrückten] Grundsatzes die Nähe (*nivāsitvam*) zum Körper des Erhabenen wegen eines Vorrechts (*adhikāraviśeṣaḥ*), das [ihr] durch den ewigen Willen des Erhabenen wie im Falle des Ananta, des Garuḍa usw. verliehen ist, ihr zum Lobpreis gereichen. Die innere (*gāḍha-*) Verbindung zum Eigenwesen des Erhabenen aber, von der die Rede ist, kann ihr, weil sie allem [Seienden] in gleicher Weise eigen ist, nicht zum Lobpreis gereichen.

Wenn mit der Rede von der 'angemessenen Ähnlichkeit' gemeint sein sollte, daß [durch sie] das Lob der Göttin gerechtfertigt ist, [dann] ist hier [zu fragen], was dann diese 'angemessene Ähnlichkeit' (*ānurūpyam*) [konkret] ist. Wenn [man sagt], sie sei [der Umstand], daß [ihr] trotz der Unterschiedenheit zufolge [ihrer] Atomkleinheit ein Hervorragen als *vibhūtiḥ* [des Gottes] wegen [ihrer] Abhängigkeit und [ihres] *śeṣa*-Seins hinsichtlich des unabhängigen *śeṣī* zukommt, so ist auch dieser [Umstand] jedem geistigen und ungeistigen [Seienden] gemeinsam. Noch ist die 'angemessene Ähnlichkeit' (*ānurūpyam*) in ihrem Falle die Gleichheit (*sāmyam*) [mit dem Gott] zufolge einer anfanglosen Allwissenheit usw., weil, sofern auch diese den ewigen Sūris [mit ihr] gemeinsam ist, es unmöglich wäre, die [Göttin], von der gesagt ist, daß sie diesen gegenüber *śeṣī* sei, lobend [hervorzuheben]: Anderenfalls würde folgen, [daß sie] auch zufolge [ihres] Substanzseins oder Geistigseins lobend [hervorgehoben] werden müßte. Und wenn man sagte, daß [ihre] 'angemessene Ähnlichkeit] (*ānurūpyam*) [mit dem Gott] aufgrund [ihrer] Allgegenwart (*vibhutvam*) gegeben sei, die aus dem Sinn der Aussagen wie *tvayaitad viṣṇunā cāmba jagad vyāptam ca-*

---

[142] BrSū 2, 2, 33: „Auch nicht aufgrund der Alternative [von Weitung und Zusammenziehung] ergibt sich Nicht-Widerspruch, aufgrund von [Fehlern wie] Veränderung usw. [des Ātmā]."

[143] ViP 1, 9, 122: „Welche andere Frau außer Dir, o Göttin, ist dem Körper des Gottes der Götter nahe, dem alle Opfer eigen sind ...?" (*kā tv anyā tvām ṛte devi sarvayajñamayaṃ vapuḥ / adhyāste devadevasya ... //*).

rācaram[144] usw. erkannt wird, [so] ist auch dieses unrichtig, weil [solches] sowohl im Falle sie zu den Seelen gezählt wird als auch im Falle sie Gott zugezählt wird, unmöglich ist. Denn das Seele-Sein ist von Atomkleinheit umfaßt und es würde zu weit führen, dies im Falle einer bestimmten Seele auszusetzen. [Auch] dürfte die Aussage [des Viṣṇupurāṇam] von [ihrem] Alldurchdringendsein (*vyāpti-*) *yathā sarvagato viṣṇuḥ* usw.[145] im Sinne [ihrer] Verbindung mit ungezählten Körpern, von der [in der Aussage] *saumyāsaumyair jagad rūpais tvayaitad devi pūritam*[146] die Rede ist, gemeint sein. Im Falle [ihres] Gottseins (*īśvaratve*) aber ergibt sich, wenn sie vom Erhabenen unterschieden ist, ein Widerspruch mit der Śruti zufolge [ihres] Mehr- oder Weniger-Seins; wenn [sie] nicht unterschieden ist, ist [ihr] Gattinsein usw. unmöglich; auch wäre die Rede von der 'angemessenen Ähnlichkeit' (*ānurūpyam*) sinnlos. Die beiden Thesen vom völlig Gleichsein (*atyantasāmya-*) und von der Identität der Eigenwesen (*svarūpaikyam*) wurden aber schon früher widerlegt. Dabei wurden auch die Thesen des *bhedābheda* und das *kālpanikabhedābheda* von den Autoritäten (*prāmāṇikaiḥ*) [der Schule] zurückgewiesen."[147]

---

[144] ViP 1, 9, 126: „Von Dir und Viṣṇu ist diese bewegliche und unbewegliche Welt durchdrungen."

[145] ViP 1, 8, 17.

[146] ViP 1, 9, 121: „Von Dir, o Göttin, ist dies mit Deinen holden und unholden Formen erfüllt."

[147] CŚBh p. 17, 3-23: *evaṃ kila te vadanti yathā vibhusvabhāvasyeśvarasya aghaṭitaghaṭanāsāmarthyād aṇutvam tathāṇusvabhāvāyā eva tasyā vibhutvam iti. tatra dṛṣṭāntas tāvad ayuktaḥ. upādhyavacchedamātreṇa hy aṇutvam īśvare 'ṅgīkriyate na tu svarūpataḥ. yadi ca aghaṭitaghaṭanāśaktyātra viruddhadvayasaṃbhavaḥ tadā sarvādvaitabhedābhedapakṣābhyāṃ kim aparāddham? athocyeta aṇusvabhāvatve 'pi vikāsakaśaktyāsyāḥ kadācid vibhutvam aviruddham iti. tathā sati samānanyāyatayā sarveṣām ātmanāṃ svarūpavikāsasvīkāre virodho na syāt na ca paryāyād apy avirodho vikārādibhya iti jainapratikṣepasūtram apy apārthakaṃ syāt. nanu ca kā cānyā tvām ṛte devītyādinyāyena bhagavadvigrahanivāsitvam anantagaruḍādivan nityabhagavadicchāniyamitādhikāraviśeṣasiddhatayā śriyaḥ stutaye bhavatu bhagavatsvarūpe tu gāḍhasaṃbandha ucyamānaḥ sarvasādhāraṇatvān naitasyāḥ stutyai syāt. tatra yadi anurūpatvoktyā stutisiddhir abhipretā tadā kiṃ tadanurūpatvam? aṇutvena vaiṣamye 'pi svatantraśeṣiṇaṃ prati pāratantryaśeṣatvābhyāṃ vibhūtitvenātiśayāvahatvam iti cet tad api sarvacidacitsamānam. na cānādisarvajñatvādisāmyam ihānurūpyaṃ tasyāpi nityasūrisādhāraṇatayā tān prati śeṣitvenoktāyās tasyās tena stutyanupapatteḥ. anyathā*

Der hier wiedergegebene Text ist für die Lehre der Göttin und deren Entwicklung nicht unwichtig, weil er ein zusätzliches Zeugnis für jene Tradition ist, in der Meghanādārisūri steht. Die in diesem Text zum Ausdruck kommende theologische Lehre von der Göttin ist im Grunde jener Meghanādārisūris sehr ähnlich, auch wenn sich die Argumentation, vielleicht nur kontextbedingt, unterscheidet. Da unser Text keinen Bezug zu Meghanādārisūri erkennen läßt, läßt sich nicht entscheiden, ob er älter oder jünger als dieser ist. Wenn die einleitende These zu Recht Periyavāccāṉ Piḷḷai zugeschrieben werden kann, müßte er jedenfalls jünger als dieser sein, da er sich gegen diese wendet. Der zeitliche Abstand kann aber nicht sehr groß sein. Denn Periyavāccāṉ Piḷḷai dürfte nicht wesentlich älter als Meghanādārisūri gewesen sein.[148] Das entscheidende Anliegen des Textes ist der Versuch zu zeigen, inwiefern der Glaube an die besondere Stellung der Göttin unter der nicht infragegestellten Voraussetzung, daß die Göttin eine ewig emanzipierte Seele sei, vertreten und begründet werden könne. Dies ist wohl der Grund für das immer wiederkehrende Argument, daß eine bestimmte Eigenschaft zum Lob der Göttin ungeeignet sei, weil sie auch den anderen Wesen zukomme.

Der Text wirft einige Probleme auf. Wenn man zunächst von der einleitenden These und deren Zurückweisung absieht, macht der Text den Eindruck eines einheitlichen Zitates oder jedenfalls einer sich an eine Quelle eng anschließenden Doxographie. Es ist unwahrscheinlich, daß der an die Widerlegung dieser These anschliessende Teil des Textes[149] ein von Veṅkaṭanātha stammender Pūrva-

---

dravyatvacetanatvādibhir api stotavyatvaprasaṅgāt. atha tvayaitad viṣṇunā cāmba jagad vyāptaṃ carācaram ityādivacanasvārasyāvagatād vibhutvād anurūpatvaṃ vivakṣyate? tad apy ayuktam jīveśvarakoṭivikalpānupapatteḥ. jīvatvaṃ hy aṇutvavyāptam kvacij jīve tannivṛttāv atiprasaṅgaḥ. yathā sarvagato viṣṇur ityādivyāptivacanaṃ saumyāsaumyair jagad rūpais tvayaitad devi pūritam ity uktāsaṅghyātavigrahasaṃbandhābhiprāyaṃ syāt. īśvaratve tu bhagavato 'nyatve tasya samādhikadaridratvaśrutivirodhaḥ. tadananyatve dampatitvādyanupapattiḥ. ānurūpyavacanaṃ cānarthakaṃ syāt. imau cātyantasāmyasvarūpaikyapakṣau pūrvam api nirastau atra bhedābhedakālpanikabhedābhedapakṣau ca prāmāṇikaiḥ pratikṣiptāv iti.

[148] S. V.K.S.N. RAGHAVAN, History of Viśiṣṭādvaita Literature. Delhi 1979, p. 20.

[149] CŚBh p. 17, 10ff.

pakṣa wäre. Bildet er aber mit dem ersten Teil, der einleitenden These, eine Einheit? Es gibt dagegen keinen ernstzunehmenden Einwand, da dieser zweite Teil logisch an den vorhergehenden Gedanken anzuschließen scheint. Jedenfalls hebt der erste Satz dieses Teiles einen Gedanken hervor, der die Sonderstellung der Göttin den übrigen Seelen gegenüber hervorhebt[150] und so durchaus als Weiterführung des Gedankens der vorhergehenden Argumentation gelten kann. Veṅkaṭanātha scheint auch seinerseits den ersten und zweiten Teil des von ihm anonym überlieferten Textes als eine einzige Quelle verstanden zu haben. Denn auf seine Auseinandersetzung mit den verschiedenen besprochenen Lehren zurückblickend spricht er von fünf Lehren, die er referiert habe[151], was nur möglich ist, wenn er den ersten und zweiten Teil unseres Textes als eine einzige Quelle verstanden hat. Auch beginnt er offenbar erst in CŚBh p. 17, 24 seine eigentliche Widerlegung, wenn er sich mit den Worten *atrocyate. yat tāvad uktam itarasādhāraṇair ākāraiḥ stutyanupapattir iti*, auf das in CŚBh p. 17, 12ff. Gesagte, bezieht.

Der Herausgeber des Catuḥślokībhāṣyam hat seinerseits die These des ersten Teiles Periyavāccā<u>n</u> Pi<u>ḷḷ</u>ai zugeschrieben,[152] was durch den Inhalt des zweiten Teiles unterstützt werden könnte, der durch seine Diskussion des Begriffes *ānurūpyam* sehr gut aus einem Kommentar zu Yāmunamunis Catuḥślokī stammen könnte, in dem die Diskussion eines Argumentes aus dem Parandarahasyam[153] durchaus sinnvoll wäre. Wenn dies tatsächlich der Fall sein sollte, müßte man annehmen, daß Veṅkaṭanātha den ursprünglichen Maṇipravāla-Text des Parandarahasyam in Sanskrit wiedergegeben hat. Als Arbeitshypothese möchte ich jedoch annehmen, daß es sich um das Referat eines Sanskrittextes handelt, der Periyavāccā<u>n</u> Pi<u>ḷḷ</u>ais Parandarahasyam gekannt und dessen These am Anfang erwähnt und zurückgewiesen hat.

Da der zweite Teil des Textes (CŚBh p. 17, 10-23) eine homogene, logisch zusammenhängende Struktur besitzt, wirft dieser

---

[150] Vgl. *bhagavadvigrahanivāsitvam ... śriyaḥ stutaye bhavatu, ibid.* p. 17, 10f.

[151] Vgl. *pañcāsv eteṣu pakṣeṣu, ibid.* p. 19, 13.

[152] *pakṣo 'yam parandarahasyanāmake granthe draṣṭavyaḥ, ibid.* p. 17 Anm. 4.

[153] Leider ist mir dieser Text nicht zugänglich.

keine diesbezüglichen Fragen auf. Entscheidend ist hingegen die Frage, wie der erste Abschnitt (CŚBh p. 17, 3-9) zu beurteilen ist, dessen Struktur weniger klar ist: Die These Periyavāccāṉ Piḷḷais, um sie so zu nennen, stammt offenbar aus der gleichen Fragestellung wie der zweite Teil des Textes, nämlich aus einer Argumentation, daß die besondere Stellung der Göttin durch ihre Allgegenwart (*vibhutvam*) zu begründen sei, und wird zunächst durch zwei Argumente zurückgewiesen. Schließlich wird auch noch die modifizierte These vom *kadācidvibhutvam* abgelehnt. Es stellt sich die Frage, ob Veṅkaṭanātha spricht oder derselbe Autor wie im zweiten Teil des Textes. Wenn man bedenkt, daß Veṅkaṭanātha selbst die beiden Teile als eine einzige Quelle zu betrachten scheint und daß der zweite Teil, falls die Widerlegung der These Periyavāccāṉ Piḷḷais von Veṅkaṭanātha stammen sollte, eigentlich keinen rechten Zusammenhang mit dem ersten hätte, der dann nur in dieser These bestehen würde, ist man versucht, die beiden Teile als einen einheitlichen Text zu sehen. Wenn dies richtig ist, darf man den zweiten Teil des Textes, der mit *nanu* eingeleitet ist, nicht als einen Einwand interpretieren, sondern als eine Fortführung des Textes, in dem der Autor nach der Zurückweisung der These Periyavāccāṉ Piḷḷais mit einem affirmativen *nanu* seine eigene Meinung vorträgt. Dies scheint insofern möglich, als der zweite Teil des Textes nicht mit einem *iti cet* abschließt und der mit *nanu* eingeleitete Abschnitt im Grunde nicht als ein Einwand gegen die am Ende des ersten Teiles vorgebrachte Widerlegung aufgefaßt werden kann. In diesem Sinne würde sich folgende Struktur des von Veṅkaṭanātha zitierten Textes ergeben:

(1) Zurückweisung der These Periyavāccāṉ Piḷḷais vom *vibhutvam* der Göttin in der ursprünglichen (CŚBh p. 17, 4-6) und in ihrer modifizierten Form (CŚBh p. 17, 6-9).

(2) These des Autors, daß die Sonderstellung der Göttin darauf beruht, daß sie Gattin des Gottes ist (CŚBh p. 17, 10-12).

(3) Zurückweisung der offenbar auf Catuḥślokī 4 zurückgehenden Auffassung, daß die Sonderstellung der Göttin auf die „angemessene Ähnlichkeit" (*ānurūpyam*) mit dem Gott zurückzuführen ist (CŚBh p. 17, 12-21).

(4) Hinweis darauf, daß die Lehre vom *atyantasāmyam* bzw. dem *svarūpaikyam* der Göttin mit dem Gott bereits zurückgewiesen wurde und die Lehre des *bhedābhedavāda* bzw. des *kālpi-*

kabhedābhedavāda von Autoritäten der Schule widerlegt wurden (CŚBh p. 17, 22-23).

Wenn diese Interpretation richtig ist, ist die zentrale Lehre dieses Textes in Punkt (2) angedeutet, der ähnlich wie Śrīrāmamiśra das eheliche Verhältnis zwischen Gott und Göttin (*dampatitvam*) thematisiert und mit der Lehre verbindet, daß die Göttin eine besonders bevorzugte ewige Seele (*jīvaḥ*) ist. Der restliche Text scheint der Absicherung dieser These zu dienen.

Der ursprüngliche Zusammenhang, in welchem die These Periyavāccāṉ Piḷḷais gestanden haben muß, dürfte der Gedanke gewesen sein, daß der Göttin, vielleicht aufgrund von ViP 1, 8, 17, die Allgegenwart zukomme, der in Verbindung mit der Lehre, daß die Göttin eine ewig emanzipierte Seele ist, zu Schwierigkeiten Anlaß gab, weil die Seelen nach Lehre der Schule als atomklein (*aṇu*) betrachtet wurden.

Die Begründung für diese These *aghaṭitaghaṭaṇāsāmarthyāt* bedarf einer Erklärung, da sie aus dem sprachlichen Ausdruck allein nicht unmittelbar verstehbar ist. Sie arbeitet jedenfalls mit einer Unfähigkeit (*asāmarthyam*) des Gottes, etwas zu bewirken (*ghaṭanam*); nicht Unmögliches überhaupt, sondern offenbar etwas, das dem Gott dank seiner Allverbreitetheit (*vibhutvam*) unmöglich ist, und er deshalb, um es dennoch verwirklichen zu können, eben auch Atomkleinheit (*aṇutvam*) besitzen muß. Ebenso müsse aus demselben Grund der Göttin trotz ihrer naturgegebenen Atomkleinheit auch Allverbreitetheit (*vibhutvam*) zukommen. Das Argument scheint zwischen einer aus der Eigenwirklichkeit (*svabhāvaḥ*) kommenden Allverbreitetheit (*vibhutvam*) des Gottes bzw. der Atomkleinheit (*aṇutvam*) der Göttin und einer aufgrund des *aghaṭitāghaṭaṇāsāmarthyam* geforderten Atomkleinheit bzw. Allverbreitetheit zu unterscheiden, wobei unter Hinweis auf die Gültigkeit des Arguments im Falle des Gottes seine Richtigkeit auch im Falle der Göttin angenommen wird. Es ist nicht auszuschließen, daß die modifizierte Form des Argumentes[154] bereits impliziert war, und nur zum Zweck der argumentativen Darstellung unterschieden wurde.[155]

---

[154] Scil. CŚBh p. 17, 6f.: *aṇusvabhāvatve 'pi vikāsakaśaktyāsyāḥ kadācid vibhutvam.*

[155] Darauf könnte auch Veṅkaṭanāthas dem Text vorangehende Bemerkung in CŚBh 17, 1f. hinweisen: *śaktikālavaśād asyā vibhutvādyupapādakāḥ* /

Die Widerlegung Periyavāccān Piḷḷais erfolgt zunächst durch den Hinweis, daß das Argument im Falle der Atomkleinheit Gottes nur im Falle einer zusätzlichen Bedingung (*upādhiḥ*) gültig sei und daher im Falle der Göttin nicht zutreffe.[156] Aus diesem Grunde sei der Beleg (*dṛṣṭāntaḥ*) falsch. Außerdem könne der logische Grund *aghaṭitaghaṭanāsamarthyād* nicht das Eintreten zweier miteinander im Widerspruch stehender Beschaffenheiten begründen. Die modifizierte Form der These Periyavāccān Piḷḷais vermeidet zwar die Widersprüchlichkeit der Allgegenwart und der Atomkleinheit, erfordert aber die Annahme, daß die gelegentliche Allgegenwart (*kadācidvibhutvam*) für alle Seelen angenommen werde und widerspreche daher BrSū 2, 2, 33, welches gegen eine solche Auffassung gerichtet ist. Bemerkenswert ist in diesem Argument die Grundtendenz, nämlich die Göttin ontologisch allen anderen Seelen gleichzustellen.[157]

Das, was die zu preisende Sonderstellung der Göttin ausmache, sei lediglich ihre Nähe zum Körper des Erhabenen (*bhagavadvigrahanivāsitvam*), nicht aber eine direkte ontologische Beziehung (*gādhasambandhaḥ*) zum Eigenwesen (*svarūpam*) des Erhabenen; denn die einzige solche im Wesen der Göttin gründende Beziehung zum Erhabenen könnte nur das *śeṣa*-Sein sein, und dieses teile die Göttin mit jeder anderen Seele.[158]

Die hier zum Ausdruck kommende Lehre von der Göttin entspricht mit ihrem mythologisch-konkreten Denken jener Tradition, die von Śrīrāmamiśra zu Meghanādārisūri führt. Inwieweit sie sich von jener Periyavāccān Piḷḷais unterscheidet, läßt sich ohne dessen Text, nur anhand des vorliegenden Zitates nicht entscheiden, wenn man davon absieht, daß unser Text die Allgegenwart (*vibhutvam*) der Göttin anders verstanden haben muß als jener. Die Polemik gegen die „angemessene Ähnlichkeit" (*ānurūpyam*) der Göttin,[159] welche als solche zurückgewiesen zu werden scheint, verdeutlicht

---

pracchannaspaṣṭajainādhvanirodhād agatīkṛtāḥ //, wo der zeitliche Aspekt ausdrücklich erwähnt ist.

[156] Vgl. *tatra dṛṣṭāntās tāvad ayuktaḥ. upādhyavacchedamātreṇa hy aṇutvam īśvare'ṅgīkriyate na tu svarūpataḥ.*

[157] Vgl. *samānanyāyatayā.*

[158] CŚBh p. 17, 10-12.

[159] CŚBh p. 17, 12-22.

das Bild, das sich bisher aufgrund des Textes ergeben hat. Denn sie wendet sich offenbar nicht gegen die einzelnen der Göttin beigegebenen Attribute, sondern nur gegen die Auffassung, daß die Sonderstellung der Göttin durch diese „angemessene Ähnlichkeit“ (*ānurūpyam*) mit dem Gott gegeben sei und daher diese Sonderstellung aus ihrem Wesen komme.

Der Gedanke wird deutlicher, wenn man den Begriff der „angemessenen Ähnlichkeit“ (*ānurūpyam*) näher zu bestimmen sucht. Veṅkaṭanātha kommentiert das Wort, das offenbar auf den von Yāmunamuni im 4. Vers der Catuḥślokī verwendeten Ausdruck *svair anurūparūpavibhavaiḥ* zurückgeht folgendermaßen: „*svaiḥ*, zufolge der nur Dir zukommenden *anurūparūpavibhavaiḥ*, d.h. den Vollkommenheiten der angemessenen [Erscheinungs]formen; oder [Deine] machtvolle Erscheinung (*vibhavaḥ*) sind die [Erscheinungs]formen, d.h. wegen der angemessenen [Erscheinungs]formen (*anurūparūpaiḥ*), die besonders anziehend sind (*prabhūtānukūlyaiḥ*). Das Wort ‘Erscheinungsform’ (*rūpaśabdaḥ*) hat auch hier, so wie früher, die Dreiheit von Eigenwesen usw.[160] zum Gegenstand. Dieses [ihr] Eigenwesen usw. (*svarūpādi*) ist jeweils (*yathākramam*) dem Eigenwesen usw. des Erhabenen angemessen (*anurūpa-*); und *anurūpatvam* ist außerordentliche Ähnlichkeit (*prakṛṣṭam sādṛśyam*) bei Bestehen eines Zusammenhanges, oder es ist nach dem Leitmodell von Edelstein und Gold [in einem Schmuckstück] das Ursache-Sein (*hetutvam*) außerordentlicher Schönheit im Falle eines damit Verbundenen. Die angemessene Ähnlichkeit (*ānurūpyam*) dreier [Aspekte ihres Seins] wird durch die [Aussagen der Purāṇen]: *maddharmadharmiṇī nityam*[161], *nityevaiṣā jaganmātā*[162] und *devatve devadeheyam*[163] genannt.“[164]

---

[160] scil. *svarūpam*, *svabhāvaḥ* und *guṇāḥ*.

[161] Der Herausgeber des Textes weist dies als Zitat des Brahmapurāṇam aus. Es konnte jedoch nicht identifiziert werden.

[162] ViP 1, 8, 17.

[163] ViP 1, 9, 145.

[164] CŚBh p. 16, 11-16: *svais tavāsādhāraṇair anurūparūpavibhavair anurūpāṇāṃ rūpāṇāṃ sampadbhiḥ. rūpāṇy eva vā vibhavaḥ prabhūtānukūlyair anurūparūpair iti yāvat. rūpaśabda ihāpi pūrvavat svarūpāditrikaviṣayaḥ. bhagavatsvarūpādīnām etatsvarūpādīni yathākramam anurūpāṇi. anurūpatvaṃ ca saṃbandhe sati prakṛṣṭaṃ sādṛśyam. ratnakāñcanādinyāyena svasambandhini śo-*

Der entscheidende Ansatz zum Verständnis des Wortes *ānurūpyam* und damit der mit diesem Wort angesprochenen Problematik liegt in der von Veṅkaṭanātha gegebenen Erklärung des Wortes: „*anurūpatvam* ist die außerordentliche Ähnlichkeit (*prakṛṣṭam sādṛśyam*) bei Bestehen eines [inneren] Zusammenhanges; oder es ist nach dem Leitbild von Edelstein und Gold [in einem Schmuckstück] das Ursache-Sein (*hetutvam*) für die höchstmögliche Schönheit (*śobhātiśaya*) des jeweils Verbundenen."[165] Die zweite der beiden Bestimmungen des *anurūpatvam* bietet eine wertvolle Ergänzung zur ersten, indem sie das Leitbild des Edelsteins und des Goldes im Falle eines Schmuckstückes als Konnotation der Angemessenheit in die Erklärung einbringt. Das Gold ist dank seinem besonderen Wert und seiner Schönheit dem Edelstein angemessen und so Ursache für eine höchstmögliche Schönheit, die es dem Edelstein, der in ihm gefaßt ist, verleiht, ohne selbst ein Edelstein zu sein. Im Lichte dieser Erklärung gewinnt die erste Bestimmung des *anurūpatvam* ihre tiefere Bedeutung, die zwar in dem Hinweis auf das Bestehen eines inneren Zusammenhanges impliziert ist, aber nicht deutlich artikuliert wird. Es geht nicht um irgendeine Ähnlichkeit, wie groß sie auch sein mag, sondern um eine Ähnlichkeit, die durch einen Zusammenhang der beiden ähnlichen Seienden bedingt ist; eben in dem Sinne, daß sie dem Seienden, mit dem die Ähnlichkeit besteht, angemessen ist. Auffallend ist, daß Veṅkaṭanātha, indem er die beiden Erklärungen des Wortes erwähnt, offen läßt, ob es sich bei diesem *anurūpatvam* um eine im Sein gründende Bestimmung handelt oder lediglich um eine durch bestimmte Umstände hervorgerufene Angemessenheit der Ähnlichkeit des entsprechend Verbundenen. Der Grund dafür dürfte der sein, daß die „Angemessenheit" (*ānurūpyam*), wenn der Begriff Sinn machen soll, grundsätzlich eine Bestimmung des eigenen Seins sein muß und nicht durch Umstände bedingt sein darf.

Wenn unser Text diesen Begriff auf den Gott und die Göttin anwendet, so scheint er jedenfalls die „ontologische" Angemessenheit und „Ähnlichkeit" der Göttin zu meinen, durch die die Göttin dem Gott in ihrer Seinswirklichkeit gleichsam entsprechend ist. In

---

bhātiśayahetutvaṃ vā. trayāṇām ānurūpyaṃ maddharmadharmiṇī nityam nityevaiṣā jaganmātā devatve devadeheyam ityādibhir abhihitam.

165 CŚBh p. 16, 13f.

diesem Sinne verdeutlicht Veṅkaṭanātha auch selbst seine Erklärung des *anurūpatvam*, indem er drei Zitate aus den Purāṇen, nämlich *maddharmadharminī nityam*, *nityaivaiśā jaganmātā* und *devatve devadeheyam*[166] erwähnt, welche die „angemessene Ähnlichkeit" der Göttin hinsichtlich ihres Eigenwesens (*svarūpam*), ihrer Eigenwirklichkeit (*svabhāvaḥ*) und ihrer Eigenschaften (*guṇāḥ*) belegen.[167]

Vor dem Hintergrund dieses Verständnisses des *ānurūpyam* der Göttin wird die Argumentation unseres Textes deutlich, wenn er fragt, was denn mit dieser „Angemessenheit der Ähnlichkeit" der Göttin gemeint sein solle. Keine der erwähnten Möglichkeiten bedeutet eine solche „Angemessenheit", weil sie letztlich auch bei anderen Wesen als der Göttin gegeben sind und nicht Grund der „angemessenen Ähnlichkeit" der Göttin sein können. „Wenn mit der Rede von der 'angemessenen Ähnlichkeit' gemeint sein sollte, daß [durch sie] das Lob der Göttin gerechtfertigt ist, [dann] ist hier [zu fragen], was dann diese 'angemessene Ähnlichkeit' (*ānurūpyam*) [konkret] ist. Wenn [man sagt], sie sei [der Umstand], daß [ihr] trotz der Unterschiedenheit zufolge [ihrer] Atomkleinheit ein Hervorragen als *vibhūtiḥ* [des Gottes] wegen [ihrer] Abhängigkeit und [ihres] *śeṣa*-Seins hinsichtlich des unabhängigen *śeṣī* zukommt, so ist auch dieser [Umstand] jedem geistigen und ungeistigen [Seienden] gemeinsam."

Der hier zum Ausdruck kommende Gedanke bedarf einer kurzen Erklärung. Die beiden im Kompositum stehenden Worte *pāratantryaśeṣatvābhyām* sind offenbar als Begründung dafür, gedacht, daß die Göttin *vibhūtiḥ* des Gottes ist, was seinerseits als Grund für eine „angemessene Ähnlichkeit" (*ānurūpyam*) der Göttin angeführt ist. Wenn jedoch gesagt ist, daß sie wegen ihrer Abhängigkeit (*pāratantryam*) von und ihres *śeṣa*-Seins zu Gott seine *vibhūtiḥ* ist, so kann hier weder von einer *līlā*- noch von einer *nityavibhūtiḥ* die Rede sein, die die Göttin nicht sein könnte. Vielmehr muß man hier wohl an den älteren *vibhūti*-Begriff denken, der in der Bhagavadgītā und in Rāmānujas Kommentar zur Gītā vorkommt, nämlich das in besonderer Weise zur Erscheinung Kommen von Gottes Wirken im von ihm unterschiedenen Seienden. Konkret

---

166 Siehe Anm. 161-163.

167 CŚBh p. 16, 14.

könnte man an Bhagavadgītā 10, 34 denken, wo der Erhabene, gefragt nach den Seienden, in denen er in besonderer Weise zur Erscheinung komme, antwortet: „unter den Frauen bin ich Kīrtiḥ, Śrī und Vāk.“ Dieses zur Erscheinung Kommen Gottes im Seienden ist jedoch im Falle vieler Seiender gegeben (vgl. BhG 10, 40) und kann daher nicht die „angemessene Ähnlichkeit“ nur der Göttin begründen.

Der anschließend erwähnte Versuch, die Gleichheit der Göttin mit dem Gott durch ihre Eigenschaften wie anfanglose Allwissenheit usw., die ihr als ewig emanzipierte Seele eigen sind, zu begründen, ist ebensowenig zielführend, weil ihr diese Eigenschaften mit den ewigen Sūris gemeinsam sind und sie, wie der Text bemerkt, deren *śeṣī* ist.[168] Diese letzte Bemerkung ist interessant, weil sie zeigt, daß die Göttin für den Autor dieser Quelle *śeṣī* auch der Sūris ist. Wenn man seine Lehre berücksichtigt, daß die Göttin eine ewig emanzipierte Seele ist, kann er ihr *śeṣī*-Sein nur wie Meghanādārisūri als *dvārāśeṣitvam*[169] verstanden haben.

Der letzte Abschnitt des Textes ist vielschichtiger und enthält einige wertvolle Ergänzungen zum bisherigen Verständnis der Quelle: „Und wenn man sagte, daß [ihre] ‘angemessene Ähnlichkeit] (*ānurūpyam*) [mit dem Gott] aufgrund [ihrer] Allgegenwart (*vibhutvam*) gegeben sei, die aus dem Sinn der Aussagen wie *tvayaitad viṣṇunā cāmba jagad vyāptam carācaram*[170] usw. erkannt wird, [so] ist auch dieses unrichtig, weil [solches] sowohl im Falle sie zu den Seelen gezählt wird als auch im Falle sie Gott zugezählt wird, unmöglich ist. Denn das Seele-Sein ist von Atomkleinheit umfaßt und es würde zu weit führen, dies im Falle einer bestimmten Seele auszusetzen. [Auch] dürfte die Aussage [des Viṣṇupurāṇam] von [ihrem] Alldurchdringendsein (*vyāpti-*): *yathā sarvagato viṣṇuḥ* usw.[171] im Sinne [ihrer] Verbindung mit ungezählten Körpern, von

[168] „Noch ist die ‘angemessene Ähnlichkeit’ (*ānurūpyam*) in ihrem Falle die Gleichheit (*sāmyam*) [mit dem Gott] zufolge einer anfanglosen Allwissenheit usw., weil, sofern auch diese den ewigen Sūris [mit ihr] gemeinsam ist, es unmöglich wäre, die [Göttin], von der gesagt ist, daß sie diesen gegenüber *śeṣī* sei, lobend [hervorheben]: Anderenfalls würde folgen, [daß sie] auch zufolge [ihres] Substanzseins oder Geistigseins lobend [hervorgehoben] werden müßte.“

[169] Vgl. pp. 59ff.

[170] ViP 1, 9, 126.

[171] ViP 1, 8, 17.

der [in der Aussage] *saumyāsaumyair jagad rūpais tvayaitad devi pūritam*[172] die Rede ist, gemeint sein. Im Falle [ihres] Gottseins (*īśvaratve*) aber ergibt sich, wenn sie vom Erhabenen unterschieden ist, ein Widerspruch mit der Śruti zufolge [ihres] Mehr- oder Weniger-Seins; wenn [sie] nicht unterschieden ist, ist [ihr] Gattinsein usw. unmöglich; auch wäre die Rede von der 'angemessenen Ähnlichkeit' (*ānurūpyam*) sinnlos."[173]

Gerade dieser letzte Gedanke, daß die Göttin weder den Seelen (*jīvakoṭiḥ*) zuzuzählen sei noch Gott (*īśvarakoṭiḥ*), scheint ein kontroversielles Thema anzuschneiden, das bereits in Meghanādārisūris Darstellung der Lehre von der Göttin faßbar war[174] und das, wie Veṅkaṭanātha bezeugt, von anderen Lehrern anders gesehen wurde, als es unser Text, und auch anders, als es Meghanādārisūri tat, nämlich die Frage der ontologischen Einordnung der Göttin.

(b) Veṅkaṭanātha erwähnt im Anschluß an unseren Text eine solche Lehre, die er entweder mit Hilfe eines Zitates oder jedenfalls in Form eines sich sehr eng an einen Text anlehnenden Referates darlegt. Dieses setzt unvermittelt mit der These ein, daß die Annahme der Allgegenwart (*vibhutvam*) der Göttin nicht im Widerspruch mit der Lehre stehe, daß die Göttin eine Seele (*jīvaḥ*) sei, und schließt mit der Aussage: „Daher kommt ihr, auch wenn sie eine Seele ist, zufolge des Umstandes, daß [sie] ihrem Eigenwesen nach überall gegenwärtig ist, eine dem Eigenwesen [ihres] Gatten angemessene Ähnlichkeit (*ānurūpyam*) zu."[175] Man möchte daher annehmen, daß der vorliegende Text tatsächlich die von Text (a) formulierte Schwierigkeit zu vermeiden sucht und so jünger als dieser Text sein dürfte und dies nicht nur durch Veṅkaṭanāthas Darstellung so erscheint.

Der Text lautet: „Wenn [gesagt wurde], daß es, falls [die Göttin] allgegenwärtig (*vibhutve*) sein sollte, unmöglich ist, sie der Kategorie (*koṭiḥ*) der Seelen oder Gott zuzurechnen, schalten einige

---

[172] ViP 1, 9, 121.

[173] CŚBh p. 17, 12-22.

[174] S. oben pp. 47ff.

[175] Vgl. CŚBh p. 18, 1: *yat tu vibhutve jīveśvarakoṭivikalpānupapattir iti tatra kecid evaṃ pariharanti jīvatve 'py asyāḥ vibhutvaṃ na virudhyate* und *ibid.* 18, 18: *ato jīvatve 'py asyāḥ svarūpavibhutvena patisvarūpānurūpyam iti.*

[diese Schwierigkeit] folgendermaßen aus: 'Auch wenn die [Göttin] eine Seele ist, gibt es keinen Widerspruch mit ihrer Allgegenwart (*vibhutvam*). Denn die [Aussage der] Offenbarung von der Atomkleinheit (*aṇutvam*) der Seele umfaßt nicht alle Seelen, weil sie sich nur auf die gebundenen [Seelen], die sich in den jeweilig [entsprechenden] Zuständen befinden, bezieht. In [der Aussage] *bālāgra* usw.[176] aber hat der Rest des Satzes *sa cānantyāya kalpate*, der die Emanzipierten betrifft, da an der Unveränderlichkeit der Seelen festgehalten ist, die [All-]Durchdringung (*vyāptim*) vermittels des *dharmabhūtajñānam* im Auge. Ebenso auch die anderen Aussagen wie *sarvam evāviśanti* usw.[177] Und dies ist in den Sūtren [mit den Worten] *pradīpavad āveśaḥ* usw.[178] dargelegt. Und im Falle der ewig [Emanzipierten] wird die Atomkleinheit (*aṇutvam*), zu der man wegen der Gattungsgleichheit (*sājātīyam*) mit den [uns] bekannten Seelen gelangt, zufolge des Fehlens einer entgegengesetzten [Aussage der] Offenbarung und zufolge des tatsächlich Vorkommens von unterstützenden [Aussagen] angenommen. Für die [Göttin] Lakṣmī aber gibt es ein die so erlangte Atomkleinheit Aufhebendes, [nämlich] die Aussage [von ihrem] eindeutig gegebenen (*anyathāsiddha-*) Umfassendsein (*vyāpitvam*).[179]

Auch darf man nicht denken, daß die Worte *sarvagata-* usw. [ihre] überall gegebene Herabkunft (*sarvatrikāvatāra-*) oder [ihr] *śeṣī*-von-allem-Sein usw. darlegen, weil im Falle man [diese Worte], wie sie geoffenbart sind, nimmt, kein Widerspruch besteht. Noch ist es richtig, wie im Falle der emanzipierten [Seelen] ein [alles] Durchdringen vermittels des *dharmabhūtajñānam* anzunehmen[180], weil es eine aufhebende [Aussage] der Offenbarung usw. wie dort nicht gibt[, die Anlaß einer solchen Annahme sein könnte]. Wenn [man einwendet], die Unmöglichkeit zweier überall gegenwärtiger [Wesen] sei ein [solcher] aufhebender Umstand, so ist dies nicht [zutreffend], weil im Falle der Wesenheit der Zeit (*kālatve*) und im Falle des *dharmabhūtajñānam* der ewig [Emanzipierten], der Eman-

---

[176] ŚvetU 5, 9: *vālāgraśatabhāgasya śatadhā kalpitasya ca / bhāgo jīvaḥ sa vijñeyaḥ sa cānantyāya kalpate //*.

[177] MuṇḍU 3, 2, 5.

[178] BrSū 4, 4, 15: „Wie eine Lampe ist [sein] Durchdringen".

[179] Möglicherweise Hinweis auf Viṣvaksenasaṃhitā. Vgl. PraP 6, 6ff.

[180] Dies entspricht der Auffassung Meghanādārisūris NDy p. 256, 12f.

zipierten und Gottes ein überall gegenwärtig Sein (*vibhutvam*) angenommen wird.

Auch ist nur das abhängig Geistsein (*paratantracetanatvam*) Merkmal der Seele (*jīvalakṣaṇam*). Das Atomklein-Geist-Sein hingegen betrifft die von diesen[181] unterschiedenen Seelen. Oder soll das Wort atomklein (*aṇuśabdaḥ*), insofern als es nur ein Begrenztes meint (*paricchinnaparaḥ*), in ihrem Falle, die vom Erhabenen abhängt, in der Definition der Seele eher wegen der Begrenzung der Eigenschaft des Unabhängigseins (*svātantryaguṇaparicchedena*) vorkommen. In diesem Sinne [sagt] auch das Bhāṣyam zum *janmādi*-Kapitel [der Brahmasūtren]: *anantapadaṃ deśakālavastuparicchedarahitasvarūpam āha. saguṇatvāt svarūpasya svarūpeṇa guṇaiś cānantyam. tena pūrvapadadvayavyāvṛttakoṭidvayavilakṣaṇāḥ sātiśayasvarūpasvaguṇā nityā vyāvṛttāḥ*[182]. Denn hier werden die ewig [Emanzipierten] wegen ihres dem Eigenwesen nach (*svarūpataḥ*) und den Eigenschaften nach (*guṇataḥ*) Übertroffenseins (*sātiśayatvena*) ausgeschlossen, die [Göttin] Lakṣmī aber wird, obwohl sie [ihrem] Eigenwesen nach (*svarūpataḥ*) unübertroffen ist, wegen [ihres] den Eigenschaften nach [sehr wohl] Übertroffenseins (*sātiśayatayā*), da [ihr] Abhängigkeit (*pāratantryam*) usw. zukommt, ausgeschlossen. Ebenso ergibt sich [für Sie] auch ein Ausgeschlossensein der Tätigkeit nach (*vyāpārataḥ*) im Falle des Merkmals des Ursache-der-Welt-Seins.[183] Daher kommt ihr, auch wenn sie eine Seele ist, zufolge des Umstandes, daß [sie] ihrem Eigenwesen nach überall gegenwärtig ist (*svarūpavibhutvena*), eine dem Eigenwesen [ihres] Gatten angemessene Ähnlichkeit (*ānurūpyam*) zu.'"[184]

---

181 Scil. *nityamukteśvarāḥ*.

182 Śrībh p. 106, 26-28: „Das Wort *ananta-* (in TaitU 2, 1) sagt, daß das Eigenwesen [des Brahma] von einer Begrenzung dem Ort, der Zeit und dem Sein nach frei ist. Da [diesem] Eigenwesen Eigenschaften zukommen, besteht die Unendlichkeit [des Brahma] zufolge [seines] Eigenwesens und der Eigenschaften. Damit sind die ewigen Seelen, die von den durch die ersten beiden Worte ausgeschlossenen Gruppen [von Wesenheiten (scil *cit* und *acit*)] verschieden sind, aber deren Eigenwesen und Eigenschaften übertroffen (d.h. begrenzt) sind, ausgeschlossen."

183 Dies könnte eine Berücksichtigung von Meghanādārisūris diesbezüglicher Argumentation sein. Vgl. oben pp. 49ff. und 53ff.

184 CŚBh p. 18, 1-18: *yat tu vibhutve jīveśvarakoṭivikalpānupapattir iti tatra kecid evaṃ pariharanti jīvatve 'py asyāḥ vibhutvaṃ na virudhyate jīvaviṣa-*

Dieser von Veṅkaṭanātha zitierte Text[185] vertritt so wie Meghanādārisūri und die zuvor von Veṅkaṭanātha dargelegte Lehre, Text (a), die Auffassung, daß die Göttin ontologisch gesehen eine ewige Seele (*jīvaḥ*) sei, führt aber, um das von Text (a) vorgebrachte Problem, das gegen ihre Allgegenwart spricht, zu vermeiden, einen neuen Ansatz, der lediglich auf der Exegese von Offenbarungsaussagen beruht, in die Seelenlehre ein. In seiner klar strukturierten Argumentation bringt er zunächst[186] eine breite Diskussion der Frage, wie die Lehre von der Atomkleinheit (*aṇutvam*) der Seelen exegetisch abgeleitet ist, und zeigt, daß diese lediglich die im Saṃsāra gebundenen Seelen und *per analogiam*, da keine gegenteilige Offenbarungsaussage vorliege, auch die ewig emanzipierten Seelen betreffe. Im Falle der Göttin aber gäbe es solche gegenteilige Aussagen, in denen von ihrem alles Durchdringen (*vyāpitvam*) die Rede ist.

---

yāṇutvaśrutir hi na sarvajīvavyāpinī tattatprakaraṇasannihiteṣu baddheṣv eva tatpravṛtter vālāgra ityādau tu sa cānantyāya kalpata iti muktaviṣayo vākyaśeṣaḥ ātmanāṃ nirvikāratvasthāpanād dharmabhūtajñānadvārā vyāptim abhisandhatte. evam sarvam evāviśantītyādīni vākyāntarāṇy api. etac ca pradīpavad āveśaḥ ityādisūtreṣu pradarśitam. nityeṣu ca saṃpratipannajīvasājātyāgatasyāṇutvasya bādhakaśrutyabhāvād anugrāhakasadbhāvāc ca svīkāraḥ. lakṣmyās tu tathaiva prāptasyāṇutvasyānanyathāsiddhavyāpitvavacanaṃ bādhakam. na ca sarvagatādiśabdānāṃ sārvatrikāvatārasarvaśeṣitvādipratipādakatvaṃ kalpyam yathāśrutasvīkāre virodhābhāvāt. nāpi muktavad dharmabhūtajñānadvārā vyāptikalpanaṃ yuktam tadvat bādhakaśrutyādyabhāvāt. vibhudvayāsaṃbhava iha bādhaka iti cen na kālatattve nityamukteśvarāṇāṃ dharmabhūtajñāne ca vibhutvasvīkārāt. jīvalakṣaṇam api paratantracetanatvamātram aṇucetanatvaṃ tv etad vyatiriktajīvaviṣayam. athavā jīvalakṣaṇe 'ṇuśabdaḥ paricchinnamātraparaḥ san amuṣyāṃ bhagavatparādhīnāyāṃ svātantryaguṇaparicchedena vartatām. evaṃ ca janmādyadhikaraṇe bhāṣyam anantapadaṃ deśakālavastuparicchedarahitasvarūpam āha. saguṇatvāt svarūpasya svarūpeṇa guṇaiś cānantyam. tena pūrvapadadvayavyāvṛttakoṭidvayavilakṣaṇāḥ sātiśayasvarūpasvaguṇā nityā vyāvṛttā iti. atra hy anyeṣāṃ nityānāṃ svarūpato guṇataś ca sātiśayatvena vyāvṛttatvaṃ lakṣmyās tu svarūpato niratiśayatve 'pi pāratantryādiyogāt guṇataḥ sātiśayatayā vyāvṛttatā yujyate. tathā ca jagatkāraṇatvalakṣaṇe 'pi vyāpārataḥ sātiśayatvād vyāvṛttatvam. ato jīvatve 'py asyāḥ svarūpavibhutvena patisvarūpānurūpyam iti.

185 Der Text könnte, auch wenn dies nicht zwingend ist, jünger als Meghanādārisūri sein, da er auf dessen (?) Grundansatz, daß Gott allein Ursache der Welt ist (vgl. NDy p. 255, 15ff. und CŚBh p. 18, 17), und auf dessen Lehre vom Allgegenwärtigsein der Göttin durch ihre allgegenwärtige Erkenntnis (vgl. NDy p. 256, 12f. und CŚBh p. 18, 8f.) Bezug zu nehmen scheint.

186 CŚBh p. 18, 2-7.

In einem zweiten Schritt[187] weist der Text Auffassungen zurück, die offenbar die Allgegenwart (*vibhutvam*) der Göttin anerkannt hatten, ihr aber absprachen, daß ihr diese Allgegenwart aufgrund ihres Eigenwesens (*svarūpam*) zukomme, und diese durch außerhalb ihres Eigenwesens liegende Ursachen erklärten. Unter diesen zurückgewiesenen Lehren findet sich etwa die von Meghanādārisūri vertretene, daß die Allgegenwart der Göttin durch ihr überall hingelangendes *dharmabhūtajñānam* zu erklären sei[188], oder auch die Auffassung, daß die Worte vom *sarvagatatvam*, die sich in der autoritativen Überlieferung finden, in ihrer Anwendung auf die Göttin deren überall mögliche Herabkunft (vgl. *sarvatrikāvatāra-*) oder ihr *śeṣitvam* für alles lehren.

In einem dritten Schritt[189] untersucht der Text die Bedeutung des Wortes „atomklein" (*aṇuśabdaḥ*) als Bestimmung der Seele und gibt zwei mögliche Deutungen dieses Wortes: Indem der Text als Definition der Seele nur die Bestimmung „In-Abhängigkeit-Geistsein" (*paratantracetanatvam*) versteht, kann er das Atomkleinsein (*aṇutvam*) der Seele, das üblicherweise in der Schultradition vertreten wird, als eine akzidentelle Bestimmung der von der Göttin unterschiedenen Seelen verstehen, ganz in Übereinstimmung mit seinem Ausgangspunkt im ersten Schritt der Argumentation, daß es keinen Winderspruch zwischen der Allgegenwart der Göttin und ihrer ontologischen Bestimmung als Seele (*jīvaḥ*) gäbe. Der Text bietet jedoch noch eine zweite Deutung des Wortes *aṇutvam*, der er im Falle der Göttin den Vorzug zu geben scheint[190]. Nach dieser Deutung würde das Wort „atomklein" als Aussage von der Göttin lediglich die durch die Abhängigkeit der Göttin von Gott bedingte Begrenzung[191] ihrer Freiheit bezeichnen. Beiden diesen Deutungen gemeinsam ist, daß sie es dem Autor unseres Textes (b) ermöglichen, von der Göttin eine in ihrem Eigenwesen (*svarūpam*) grundgelegte Allgegenwart (*vibhutvam*) und so die von einem Teil der Schule der Göttin zugeschriebene „angemessene Ähnlichkeit" (*ānu-*

[187] CŚBh p. 18, 7-10.

[188] Siehe oben pp. 46f.

[189] CŚBh p. 18, 10-17.

[190] Vgl. die Einleitung dieser Deutung durch *athavā* „oder eher".

[191] CŚBh p. 18, 11: *aṇuśabdaḥ paricchinnamātraparaḥ ... bhagavatparādhīnāyām svātantryaguṇaparicchedena vartatām.*

rūpyam) mit ihrem Gatten im eigentlichen, d.h. im Sinne ihres Wesens (*svarūpam*), zu verstehen.[192]

(c) Dieser „angemessenen Ähnlichkeit“ (*ānurūpyam*) der Göttin mit ihrem Gatten, die in der Schule offenbar nicht unumstritten war, haben andere Lehrer, die Veṅkaṭanātha im Anschluß an Text (b) referiert, versucht, auf andere Weise gerecht zu werden:

„Andere aber [lehren]: Aufgrund [ihrer] Geistigkeit (*cetanatvāt*) ist [die Göttin] anders als das Ungeistige, aufgrund [ihrer] Allgegenwart (*vibhutvāt*) ist sie anders als die Seelen, und aufgrund [ihrer] Abhängigkeit (*pāratantryāt*) [vom Erhabenen] ist sie anders als Gott. Denn hier besteht kein Widerspruch wie im Falle von etwas, das sowohl vom Seienden als auch vom Nichtseienden verschieden wäre. Im Falle der [Schul-]Aussagen über die Unterteilung der verschiedenen Ātmans in Form Gottes und der Seelen aber wird sie nicht erwähnt, weil von ihr nicht die Rede ist. In Wirklichkeit aber gehört Lakṣmī nach dem Denkmodell (*nyāyaḥ*) der vom Gatten und den Söhnen unterschiedenen Gattin zu einer anderen Kategorie (*koṭyantaratvam*) [von Wesen]. Dabei ist auch Lakṣmī in [ihrem] Sein (*sattā*) von Gott abhängig. Die [schöpfungsimmanente] Mächtigkeit (*vaibhavam*) Gottes aber kommt Lakṣmī nach dem Denkmodell vom Leuchten der Edelsteine oder dem Duft der Blüten [sehr wohl] zu. Daher ist die angemessene Ähnlichkeit (*ānurūpyam*) des Eigenwesens (*svarūpam*) der Gattin mit dem Eigenwesen des Gatten problemlos.“[193]

Anders als Text (b) hat der hier referierte Lehrer nicht versucht, die Lehre von der Atomkleinheit (*aṇutvam*) der Seelen zu modifizieren, sondern hat gelehrt, daß die Göttin weder gleichen

[192] Vgl. CŚBh p. 18, 15ff: *lakṣmyās tu svarūpato niratiśayatve ’pi* bzw. *jīvatve ’py asyāḥ svarūpavibhutvena patisvarūpānurūpyam.* Man denkt hier etwa an Vatsyavaradagurus Bemerkung in PraP 6, 21f.: *parāśaras tu bhagavān āhainam brahmarūpiṇīm / nityavaiṣā jagadmātā viṣṇoḥ śrīr anapāyinī / yathā sarvagato viṣṇuḥ tathaiveyaṃ dvijottama / ... nānayor vidyate param //*. S. oben pp. 39ff.

[193] CŚBh p. 18, 20-23: *apare tv asyāś cetanatvāt acidanyatvaṃ vibhutvāj jīvānyatvaṃ pāratantryādīśvarānyatvaṃ ca. na hi sadasadvilakṣaṇādiṣv ivātra virodho jīveśvararūpeṇa vividhātmavibhāgavacaneṣu tu asyā anuktir avivakṣāmātrāt. vastutas tu patiputravyāvṛttapatnīnyāyena lakṣmyāḥ koṭyantaratvaṃ tatra lakṣmyā api sattā bhagavadadhīnā bhagavatas tu vaibhavaṃ ratnaprabhāpuṣpaparimalanyāyena lakṣmyāyattam. ato ’trāpi patisvarūpānurūpyaṃ patnīsvarūpasya sugatam iti.*

Wesens mit Gott noch eine Seele ist, sondern ein Wesen *sui generis* sei. Er scheint ähnlich wie Śrīrāmamiśra von dem mythologisch-konkreten Glauben an die Göttin als Gattin Viṣṇus ausgegangen zu sein, wodurch es ihm möglich war, die Vorstellung von der Gattin als von Gatten und Kindern rechtlich unterschieden[194] zum Denkmodell seiner Lehre von der Göttin zu machen und einerseits ihre Seins-Abhängigkeit vom Gatten zu lehren, andererseits an der „angemessenen Ähnlichkeit“ (*ānurūpyam*) ihres Eigenwesens (*svarūpam*) festzuhalten. Wenn man das Denkmodell vom Leuchten der Edelsteine und vom Duft der Blüte ernst nimmt, scheint dieser Lehrer auch hinsichtlich der in der Welt wirkenden Mächtigkeit (*vaibhavam*) der Göttin eine „angemessene Ähnlichkeit“ gelehrt zu haben, doch scheint dieses Denkmodell auch eine grundlegende Abhängigkeit dieser Mächtigkeit der Göttin von Gott anzudeuten, selbst wenn diese Ähnlichkeit im Eigenwesen der Göttin gründet.

(d) Ähnlich wie Text (c) haben auch andere das Eigenwesen (*svarūpam*) der Göttin bestimmt, haben aber an der Göttlichkeit ihres Seins festgehalten und sie nicht als Seele bestimmt. Als letzte Quelle in der Diskussion der „angemessenen Ähnlichkeit“ (*ānurūpyam*) referiert nämlich Veṅkaṭanātha noch eine weitere Quelle: „Soll das Eigenwesen (*svarūpam*) [der Göttin] in dieser Weise gegeben sein. Dennoch ist diese auf die Seite Gottes [zu stellen] (*īśvarakoṭiḥ*), weil dessen [definitorisches] Merkmal eben dadurch, daß sie *śeṣī* beider Vibhūtis ist, gegeben ist. Dabei kommt das *śeṣī*-von-allem-Sein usw. dem Erhabenen [allein] zu, der Göttin aber ist ein *śeṣī*-Sein usw. eigen von allem außer ihm. Dies ist die Unterscheidung. Die ‘angemessene Ähnlichkeit’ (*anurūpatvam*) aber ist genau [so] wie vorher. Das Ursache-der-Welt-Sein als Definitionsmerkmal des Brahma bezieht sich jedoch nur auf [ihren] Gatten. Eben deshalb ist dessen Herr-von-allem-Sein gegeben wie auch [dessen] Mehr- und [ihr] Geringersein (*samādhikadaridratvam*).“[195]

Anders als bei den zuvor von Veṅkaṭanātha vorgelegten Texten, handelt es sich bei diesem Text vermutlich um ein sehr knappes

---

194 Vgl. den erwähnten *patiputravyāvṛttapatnīnyāyaḥ* in CŚBh p. 18, 21.

195 CŚBh p. 18, 24-27: *anye tu svarūpasthitir evam astu, tathāpi seyam īśvarakoṭir vibhūtidvayaśeṣitvādimātreṇa tallakṣaṇasiddheḥ. tatra sarvaśeṣitvādikaṃ bhagavataḥ. asyās tu taditarasarvaśeṣitvādikam iti vibhāgaḥ. anurūpatvaṃ tu pūrvavad eva jagatkāraṇatvādibrahmalakṣaṇaṃ tu patimātragocaram. ata eva tasya sarveśvaratvaṃ samādhikadaridratvaṃ ceti.*

Referat einer Lehre und nicht um ein Zitat. Das *evam* aus dem ersten Satz ebenso wie das *pūrvavat*, die offenbar als Hinweis auf die zuvor erwähnte Lehre zu verstehen sind, stellen Bezüge zum Kontext Veṅkaṭanāthas her. Sachlich bildet der Text mit den beiden vor ihm erwähnten Lehren eine gewisse Einheit, insofern als er so wie diese die „angemessene Ähnlichkeit“ (*ānurūpyam*) des Eigenwesens der Göttin mit jenem des Gottes vertritt.[196]

Charakteristisch für diese Lehre im Unterschied zu den beiden anderen ist, daß sie die Göttin eindeutig der göttlichen Wirklichkeit (vgl. *īśvarakoṭiḥ*) zuordnet und sie weder als eine Seele (*jīvaḥ*) noch als ein Wesen *sui generis* versteht, das weder Gott noch eine Seele ist. Begründet scheint unser Text diese Zuordnung zur göttlichen Wirklichkeit dadurch zu haben, daß die Göttin so wie der Gott *śeṣī* sowohl der *līlāvibhūtiḥ* ist, das heißt der gesamten welthaften Schöpfung, als auch der ewigen *vibhūti*, jener ewigen Wirklichkeit (*śuddhasattvam*), welche die Körper usw. Gottes, der ewigen Wesen und der emanzipierten Seelen bildet. Dieses *śeṣī*-Sein, das heißt das Sein einer Wirklichkeit, auf die alles hingeordnet ist und deren Zwecken alles dient, unterscheidet unser Text jedoch je nachdem es dem Gott oder der Göttin eigen ist. Er stellt dem *śeṣī*-von-allem-Sein, das nur Gott zukommt, jenes *śeṣī*-Sein gegenüber, das der Göttin eigen ist, wobei er dieses nur knapp als *taditarasarvaśeṣitvam* bestimmt. Der Ausdruck selbst kann nur so verstanden werden, daß sich das Pronomen *tat* auf Gott bezieht und daher der Ausdruck als „das *śeṣī*-Sein für alles außer ihm“ zu übersetzen ist. Der Text scheint daher gelehrt zu haben, daß das *śeṣī*-Sein der Göttin zwar hinsichtlich allem besteht, das nicht Gott ist, daß der Gott aber auch *śeṣī* von ihr ist. Hier liegt dieselbe Vorstellung vom *śeṣī*-Sein der Göttin zugrunde wie jene, die schon bei Śrīrāmamiśra und bei Vatsyavaradaguru[197] angedeutet ist und bei Meghanādārisūri unter dem Begriff des *dvāraśeṣitvam* faßbar zu sein scheint.

[196] Vgl. Veṅkaṭanāthas Bemerkung in CŚBh p. 18, 27f.: „Die Dreiheit dieser Lehren ist in sich kaum sehr unterschieden. Ein Unterschied der Meinung besteht aber hinsichtlich der Einordnung [der Göttin] unter die Bezeichnung ‘Seele’ (*jīvaḥ*) usw.“ (*tad idaṃ pakṣatrayam anyonyam anativiprakṛṣṭam. jīvādisamākhyāniveśe tu mitho vivādaḥ.*)

[197] Vgl. PraP 6, 10ab: *asyā mama ca śeṣaṃ hi vibhūtir ubhayātmikā.* Siehe dazu oben pp. 37f.

Rückblickend auf die von Veṅkaṭanātha in seinem Kommentar zu Yāmunamunis Catuḥślokī 4 zitierten, beziehungsweise referierten Quellen, wird deutlich, daß es in allen vier erwähnten Textabschnitten um ein gemeinsames Problem geht, das innerhalb der Schultradition unterschiedlich behandelt worden ist, nämlich die „angemessene Ähnlichkeit" (*ānurūpyam*) der Göttin mit dem Gott.

In der Anwendung dieses Begriffes auf die Göttin, deren ontologische Beziehung zu Gott eben in dieser „Angemessenheit" ihres Seins zum Ausdruck kam, entfaltet dieser andeutungsweise die hinter den zitierten Lehren stehende Problematik: Von altersher ist die Göttin im mythologischen Glauben viṣṇuitischer Tradition die Gattin des Gottes, und es ist letztlich dies der Grund dafür, daß die Frage nach der „angemessenen Ähnlichkeit" (*ānurūpyam*) der Göttin gestellt wurde, die in der Folge auch in der philosophischen Spekulation über die Göttin ihren Platz erhält, wie die von Veṅkaṭanātha erwähnten Quellen bezeugen. Es ist die Beziehung ehelicher Partner, welche die „Vollkommenheit" angemessener Aspekte ihres Wesens[198] fordert und so das Problem einer dem Gatten und dem ehelichen Verhältnis „angemessenen Ähnlichkeit" schafft. In den von Veṅkaṭanātha erwähnten Quellen spiegelt sich das Ringen um die Frage, ob diese dem Eigenwesen des Gottes „angemessene Ähnlichkeit" der Göttin aus ihrem Eigenwesen (*svarūpam*) zukommen könne oder nicht, wobei bemerkenswert ist, daß diese Fragestellung vor dem Hintergrund eines sich gegen die polytheistische Mythologie durchsetzenden Monotheismus das Problem der „Göttlichkeit" der Göttin deutlich aktualisiert. Auffallend ist in diesem Zusammenhang, daß selbst von gewissen Vertretern der Lehre, daß die Göttin eine ewige Seele sei, angenommen wurde, daß diese „angemessene Ähnlichkeit" aus ihrem Eigenwesen komme.

b) Veṅkaṭanāthas Kommentar zu Catuḥślokī 1

Anders als im bisher besprochenen Abschnitt seines Catuḥślokībhāṣyam setzt sich Veṅkaṭanātha im Kommentar zum 1. Vers der Catuḥślokī mit Lehren auseinander, die das Wesen der Göttin betreffen und nicht, wie die eben besprochenen, innerhalb der Rāmānuja-Schule im engeren Sinne entstanden sein dürften, sondern vermutlich innerhalb anderer Traditionen entwickelt wurden.

---

[198] Vgl. CŚBh p. 16, 11: *anurūpāṇāṃ rūpāṇāṃ sampadbhiḥ.*

Der Text ergänzt wertvoll die bisher gewonnene Erkenntnis der Lehre von der Göttin; dies nicht so sehr durch das Einbringen ergänzender Aspekte dieser Lehre, als vielmehr dadurch, daß er polemisch auf Vorstellungen von der Göttin eingeht, die zu jener Zeit außerhalb der eigenen Schultradition vorhanden waren. Dadurch kommt die bisher faßbare Lehre von der Göttin in einen zeitgenössischen Kontext zu stehen, in welchem ihre Konturen deutlicher sichtbar werden. Der ganze Text gliedert sich in seiner Grundstruktur in folgender Weise:

(1) Vorstellungen, die im Pāñcarātra mit der Göttin assoziiert werden (CŚBh pp. 3, 26 – 4, 11).

(2) Lehre, daß die Göttin der Erhabene selbst ist, der durch Seiendheit usw. oder durch einen anderen ewigen oder auch gelegentlich angenommenen Körper in Form einer Frau näher bestimmt ist (CŚBh p. 4, 12-17).

(3) Lehren vom teilweise Unterschieden- und teilweise Ununterschiedensein von Gott und Göttin:
(a) Lehre, daß das Wort ‘Śrī’ einen Teil des Eigenwesens des Erhabenen bezeichnet, der die Form einer Frau hat und diese zufolge eines gesonderten Ichs (*pṛthagahaṃtā*) zum gegenseitigen Genuß angenommen hat (CŚBh pp. 4, 18 – 5, 20).
(b) Lehre, daß die Göttin und ihr Gatte einen Körper besitzen, der zur Hälfte die Gestalt der Lakṣmī zeigt, so daß sie entweder einen einzigen Körper oder ein einziges Wesen haben oder sie sowohl getrennt wie ungetrennt (*bhedābhedaḥ*) sind (CŚBh pp. 5, 21 – 6, 4).

(4) Abschließende Bemerkung zur Widerlegung der Lehren 1-3 (CŚBh p. 6, 5-10).

(5) Eine advaitische Lehre von der Göttin (CŚBh pp. 6, 11 – 7, 4).

(6) Lehre, daß die Gattinnen der Götter Teilkonkretisierungen der Lakṣmī als Gattin Gottes sind und der Göttin nur im Hinblick darauf, daß sie die weibliche Teilkonkretisierung des Gottes ist, die Vibhūtiḥ zukomme (CŚBh pp. 7, 5 – 8, 7).

(7) Lehre, daß das Wesen der Lakṣmī unergründlich ist (CŚBh p. 8, 8-11).

(1) „Jene aber, die sagen, Śrī sei die für den Erhabenen, dem Wirker von allem, kontrollierend zu lenkende Urmaterie und jene, die sagen, die [Göttin] sei der Aspekt [seiner (= Gottes)] Seiendheit (*sattā*), [seiner] Ich-heit (*ahaṃtā*), [seines] Glanzes (*prabhā*), [seiner] Kraft (*śaktiḥ*) und Erkenntnis (*vidyā*), [seines] Wollens (*icchā*)

[und] Genießerseins (*bhoktṛtā*) usw., weil in den Śāstras an den jeweiligen Stellen eine [solche] Lehre festgestellt wird, sind im Śāstra durch die jeweils uneingeschränkt gültige (*nirbādhena*) Lehre von [ihrer] Geistigkeit (*cetanavyapadeśena*) widerlegt. Auch hier (= CŚ 1) wird dies durch das Pronomen der 2. Person [, wenn] *te* beziehungsweise *tvām* [gesagt ist], und durch die Vokativendung angedeutet, welche die Geistigkeit der Śrī nahelegt.

Die Wörter 'Seiendheit' usw. meinen hingegen auf sie [bezogen], daß [sie] ein besonderndes [Prinzip] in der inneren Wirklichkeit (*antaraṅga-*) des Erhabenen ist. Daß aber die Urmaterie [etwas] anderes [als sie] ist, wird durch die Worte *te* und *yavanikā* verdeutlicht. Auch kommt ihr nur deshalb, weil das Wort *prakṛti-* fällt, nicht schon eine Identität mit der Dreiguṇa-Substanz zu, weil [dies] auch für den Erhabenen folgen müßte, wenn gesagt ist: *vāsudevaḥ parā prakṛtiḥ*[199] [beziehungsweise] *prakṛtiś ca pratijñādṛṣṭāntānuparodhāt*[200]. Auch die Worte Brahmās[201]: *jagatutpādikā śaktis tava prakṛtir iṣyate saiva nāmasahasrais tu lakṣmīḥ śrīr iti kīrtyate //*[202] bzw. *mūlaprakṛtir īśānī*[203] [und] *prakṛteḥ puruṣāc cānyas tṛtīyo na vidyate* etc. meinen die besondere Vibhūtiḥ von Lakṣmī und Nārāyaṇa, die in die Gestalt von Prakṛti und Puruṣa unterteilt ist. In der Überlieferung des Rahasyam (= Mūlamantraḥ, Dvayamantraḥ und Caramaślokaḥ?) aber ist das Wort *vidyā* für Prakṛti und für Lakṣmī gebraucht, und insofern ist auch keine Identität ihres Wesens [gegeben]. Denn dort ist das Wort *vidyā* in [der Bedeutung] der Urmaterie verwendet, insofern [diese] durch das In-Erscheinung-Treten des *sattvam* Ursache des Wissens ist, in [der Bedeutung] von Lakṣmī aber, weil [diese] das Wissen fördert."[204]

---

[199] Zitat in Śaṅkaras Referat der Lehre der Bhāgavatas. Vgl. seinen Kommentar zu BrSū 2, 2, 42.

[200] BrSū 1, 4, 23: „[Brahma] ist auch die Urmaterie, weil Behauptung und Beispiel Geltung haben."

[201] Nach dem Herausgeber im Śrīsūktabhāṣyam als Zitat aus der Sanatkumārasaṃhitā zitiert; s. CŚBh p. 4, Anm. 2.

[202] „Die Prakṛti wird als Deine die Welt hervorbringende Kraft gelehrt. Eben diese wird von den 'tausend Namen' als Lakṣmī bzw. Śrī verkündet."

[203] Lakṣmīsahasranāma 66f.; s. CŚBh p. 4, 7.

[204] CŚBh pp. 3, 26 – 4, 11: *ye punar āhuḥ śrīr nāma bhagavataḥ sarvakartur adhiṣṭheyā prakṛtir iti ye ca tasya sattāhantāprabhāśaktividyecchābhoktṛtādirūpeyaṃ śāstreṣu tathā tathā vyapadeśadarśanād ity āhus teṣāṃ tatratatraiva śās-*

In diesem Textabschnitt referiert Veṅkaṭanātha zwei Auffassungen von der Göttin, die, wie er selbst wenigstens für die zweite Lehre andeutet,[205] auf Aussagen der autoritativen Überlieferung, offenbar des Pāñcarātra, beruhen.

Schon der Herausgeber des Textes hat diese Lehren an Hand von Aussagen der Pāñcarātrasaṃhitās belegt, so daß man schließen kann, daß auch in der heutigen Tradition der Schule keine anderen Texte bekannt sind, auf die Veṅkaṭanātha hier Bezug nehmen würde als diese.[206] Man tut sich jedoch schwer, eine solche Lehre, wie sie Veṅkaṭanātha charakterisiert, in den Saṃhitās tatsächlich zu finden, wenigstens was die erste von ihm referierte Vorstellung von der Göttin betrifft. Wenn von dieser gesagt ist, sie sei die vom alles wirkenden Erhabenen zu lenkende Urmaterie (*bhagavataḥ sarvakārtur adhiṣṭheyā prakṛtiḥ*), so wird dieser Urmaterie offenbar die Fähigkeit aus sich allein Welt zu wirken abgesprochen und scheint die Göttin mit einer sāṃkhyistisch vorgestellten ungeistigen Urmaterie gleichgesetzt zu werden. Dies bestätigt sich durch die Widerlegung dieser Vorstellung, daß die hier gemeinte *prakṛtiḥ* als ein zwar tätiges, aber ungeistiges Prinzip gedacht ist und dieses außer in einem übertragenen Sinne nicht mit der Göttin gleichzusetzen ist.[207]

---

tre nirbādhena cetanatvavyapadeśena nirāsaḥ. atrāpy ayam arthaḥ te tvām iti yuṣmacchabdena saṃbodhanena ca śriyaś cetanatvam upasthāpayatā sūcitaḥ. sattādiśabdās tv asyāṃ bhagavadantaraṅgaviśeṣaṇatvādyabhiprāyāḥ. prakṛter anyatvaṃ tu te yavanikety anenāpi darśitam. na cāsyāḥ prakṛtiśabdopāttatāmātreṇa triguṇadravyatādātmyaṃ vāsudevaḥ parā prakṛtiḥ prakṛtiś ca pratijñādṛṣṭāntānuparodhāt ity ukte bhagavaty api prasaṅgāt. jagadutpādikā śaktis tava prakṛtir iṣyate. saiva nāmasahasrais tu lakṣmīḥ śrīr iti kīrtyate. mūlaprakṛtir īśānī prakṛteḥ puruṣāc cānyas tṛtīyo naiva vidyata ityādīni brahmavacanāny api lakṣmīnārāyaṇayoḥ prakṛtipuruṣarūpavibhaktavibhūtiviśeṣābhiprāyāṇi. rahasyāmnāye tu prakṛtau lakṣmyāṃ ca vidyāśabdaḥ prayukta ity etāvatāpi na tayoḥ svarūpaikyam. tatra hi sattvonmeṣamukhena vidyāhetutayā prakṛtau vidyāśabdo lakṣmyāṃ tu vidyāpravartakatvād iti viśeṣaḥ.

[205] Vgl. CŚBh p. 4, 1: *śāstreṣu tathā tathā vyapadeśadarśanāt.*

[206] Siehe CŚBh p. 3, Anm. 2.

[207] Der entscheidende Gedanke seiner Widerlegung ist nämlich, daß die Göttin geistiger Natur sei, vgl. *teṣām ... cetanatvavyapadeśena nirāsaḥ*; die für beide hier von Veṅkaṭanātha referierten Auffassungen gilt und zeigt, warum beide zusammen diskutiert werden. Bei beiden Auffassungen müßte man annehmen, daß die Göttin ungeistig wäre.

Die hier mit der Göttin gleichgesetzte Urmaterie scheint ähnlich verstanden zu sein wie in Paramasaṃhitā 2, 18: „[Die *prakṛtiḥ*] ist ungeistig, fremdem Zweck dienend, ewig und beständig sich wandelnd."[208] und 2, 26f.: „Nur aufgrund der Weisung des höchsten Puruṣa läßt die *prakṛtiḥ* beständig die Welten hervorgehen und reabsorbiert sie am Ende [wieder]. Auf andere Weise aber bringt die ungeistige *prakṛtiḥ* nicht hervor."[209] Die hier von Veṅkaṭanātha zurückgewiesene Lehre scheint den Versuch gemacht zu haben, eine Lehre von der Urmaterie (*prakṛtiḥ*), wie sie hier bezeugt ist, aber anders als die Paramasaṃhitā, in das tantrische Denkmodell von Gott und Göttin eingefügt zu haben, um diese in der Tradition des Pāñcarātra, wohl nicht nur metaphorisch[210] im Sinne einer Theologie der Göttin verstehen zu können. Andeutungen einer solchen Bemühung lassen sich da und dort in den Pāñcarātrasaṃhitās finden, wenngleich sie durch den Kontext in ihrem sāṃkhyistischen Grundansatz weitgehend relativiert sind und man kaum von einer echten Lehre der Göttin als *prakṛtiḥ* sprechen kann. So heißt es beispielsweise in Lakṣmītantram 2, 31f.: „*vīryam* ist das immerwährende Freisein von Modifikationen, auch wenn ich Urmaterie (*prakṛtiḥ*) bin. Die Milch gibt fürwahr, gleich wenn Buttermilch entsteht, [ihr] Eigenwesen auf (31); eine solche Veränderung (*vikṛtiḥ*) von mir gibt es [aber] nicht, auch wenn die Welt entsteht. Daher meinen die Kenner der Wesenheiten, daß *vīryam* [mein] Freisein von Veränderungen (*vikāravīrahaḥ*) ist. (32)"[211]

---

208 *acetanā parārthā* (nicht *parārdhā* wie in der Edition) *ca nityā satatavikriyā* /.

209 *parasya puruṣasyaiva niyogāt prakṛtis sadā / utpādayati lokāṃś ca saṃharaty api cāntataḥ* // 26 *acetanā tu prakṛtir nānyathā samprasūyate* /.

210 Wie dies Veṅkaṭanātha in seiner Widerlegung andeutet, wenn er in CŚBh p. 4, 4f. sagt: *na cāsyāḥ prakṛtiśabdopāttatāmātreṇa triguṇadravyatādātmyam ... bhagavaty api prasaṅgāt.*

211 *vikāravirāho vīryaṃ prakṛtitve 'pi me sadā / svabhāvam hi jahāty āśu payo dadhisamudbhave* // 31 *jagadbhāve 'pi sā nāsti vikṛtir mama nityadā / vikāraviraho vīryam atas tattvavidāṃ matam* // 32. – Vgl. auch LT 4, 51ab (*mattaḥ prakriyate viśvaṃ prakṛtiḥ sāsmi kīrtitā*), LT 10, 8f. (*vikārān avikārasya viṣṇoḥ śṛṇu mayoditān* // ... *svām śaktiṃ mām adhiṣṭhāya prakṛtiṃ paramādbhutām*) und AhirS 3, 16 (*prakurvatī* [= *śaktiḥ*] *jagat svena prakṛtiḥ parigīyate*), aber auch AhirS 5, 27-28 (*teṣām* [=*ṣaḍguṇāḥ*] *yugapadunmeśaḥ ... saṃkalpakalpito*

Anders scheint es sich mit der von Veṅkaṭanātha an zweiter Stelle erwähnten Vorstellung von der Göttin zu verhalten, die er folgendermaßen andeutet: „Jene, die sagen, die [Göttin] sei der Aspekt [seiner (= Gottes)] Seiendheit (*sattā*), [seiner] Ich-heit (*ahaṃtā*), [seines] Glanzes (*prabhā*), [seiner] Kraft (*śaktiḥ*) und Erkenntnis (*vidyā*), [seines] Wollens (*icchā*) [und] Genießerseins (*bhoktṛtā*) usw., weil in den Śāstras an den jeweiligen Stellen eine [solche] Lehre festgestellt wird, sind widerlegt ...". Man fragt sich, ob Veṅkaṭanātha hier mehrere Vorstellungen von der Göttin erwähnt, die in gleicher Weise widerlegt werden, oder eine Lehrtradition im Auge hat, die alle diese Begriffe auf die Göttin angewendet hat. Tatsächlich scheint es sich im wesentlichen um eine einzige solche Tradition zu handeln, nämlich das Pāñcarātra, in dem alle diese Begriffe, wenn auch nicht gleich häufig, begegnen und die Göttin in den verschiedenen Formen ihres Wirkens charakterisieren. Von den hier genannten scheinen im Sinne einer Lehre vom Wesen der Göttin im Grunde vor allem die Vorstellung der Göttin als *ahaṃtā* und als *śaktiḥ* wichtig zu sein.

Daß die Göttin Viṣṇus Śakti ist, ist für das Pāñcarātra eine geläufige Vorstellung, dies gilt jedoch nicht in jeder Hinsicht für die Rāmānuja-Schule[212], wie dies auch Veṅkaṭanātha bezeugt, wenn er diese Lehre im vorliegenden Abschnitt des Textes zurückweist. Zum Verständnis dieser Zurückweisung und damit der zurückgewiesenen Lehre selbst ist eine Bemerkung Śrīraṅgarāmānujas in seinem Kommentar zu Veṅkaṭanāthas NySiddh 233, 22ff. wertvoll, in der er die Bedeutung des *śakti*-Begriffes erklärt: „Weil durch das Wort *śakti*- eine [qualitative] Bestimmung bezeichnet wird, die getrennt [vom so Qualifizierten] nicht vorkommt und für ein zu Tuendes ge-

---

viṣṇor yaḥ sa tadvyaktilakṣaṇaḥ // 27 *bhagavān vāsudevaḥ sa paramā prakṛtiś ca sā / śaktir yā vyāpino viṣṇoḥ sā jagatprakṛtiḥ parā* // 28).

[212] Eine Form dieser Lehre in der Rāmānuja-Schule belegt Veṅkaṭanātha in NySiddh p. 233, 22ff. mit folgenden Worten: „Die Lehren von [ihrem] *śakti*-Sein meinen, daß [sie] ein [den Gott] in Form [ihres] Gattinseins Bestimmendes ist, oder meinen, daß [sie] in den Tätigkeiten des Hervorbringens usw. wegen des [für Gott und Göttin] gemeinsamen Spiel-Seins [der Schöpfung usw.] als in Bewegung Setzendes Mitursache ist. Auch wird überall im Falle anderer Paare von Mann und Frau vom weiblichen Teil als *śaktiḥ* geredet." (*śaktitvavādās tu patnītvādirūpeṇa viśeṣaṇatvābhiprāyāḥ sṛṣṭyādivyāpāreṣu samānalīlatayā prerakatvena sahakāritvābhiprāyā vā. prayujyate ca sarvatra strīpuṃsātmakeṣu dvandvāntareṣv api stryaṃśe śaktitvavādaḥ.*)

eignet ist, ergibt sich der Gebrauch des Wortes *śakti-* [für die Göttin] in Übereinstimmung mit dem Getrennt-nicht-Vorkommen oder in Übereinstimmung mit dem für ein zu Tuendes Geeignetsein [von etwas]. So verhält es sich. Wenn auch das Wort *śakti-* im Falle der [Göttin] Lakṣmī im primären Sinne gebraucht werden kann, da sie ein [den Gott] Bestimmendes ist, das für ein zu Tuendes geeignet ist und getrennt [von ihm] nicht vorkommt, ist dennoch zu beachten, daß [von Veṅkaṭanātha] so gesagt wurde, bedenkend, daß das Wort *śakti-* [sonst] nur eine Nicht-Substanz bezeichnet."[213] Aus diesen Worten Śrīraṅgarāmānujas geht hervor, daß die Göttin nach Meinung der Schule nur insofern als Śakti Gottes bezeichnet werden kann, als sie dem Gott als Gattin und Mitursache seines Weltwirkens[214] untrennbar verbunden ist. Dies bestätigt sich, wenn Veṅkaṭanātha die Lehre, daß die Göttin die Seiendheit, Ich-heit und *śakti* Gottes sei, unter dem Hinweis zurückweist, daß von der Göttin die Geistigkeit (*cetanatvam*) geoffenbart sei, und ergänzend bemerkt, daß die in dieser Lehre auf die Göttin angewendeten Worte im Gegensatz dazu Aspekte des innergöttlichen Seins bezeichneten[215] und so die durch sie vermittelte Vorstellung von der Göttin unzutreffend sei. Diese Zurückweisung schließt jedoch nicht aus, daß die Göttin auch nach der Lehre der Schule im Sinne der von Veṅkaṭanātha und Śrīraṅgarāmānuja gebotenen Definition des *śakti*-Begriffes tatsächlich und im vollen Sinne als *śaktiḥ* verstanden worden ist.[216]

Nähere Betrachtung verdient der offenbar in derselben Quelle verwendete Begriff der *ahaṃtā*, die von Veṅkaṭanātha in gleicher Weise wie die *śaktiḥ* als Form der Göttin zurückgewiesen wird. Auch hier exemplifiziert der Herausgeber des Textes die zurückge-

---

[213] NySiddhV p. 363, 6-9: *kāryopayogyapṛthaksiddhaviśeṣaṇasya śaktiśabdābhidheyatvāt apṛthaksiddhatvasāmyena vā kāryopayogitvasāmyena vā śaktiśabdaprayogopapattir ityarthaḥ. yady api lakṣmyāḥ kāryopayogyapṛthaksiddhaviśeṣaṇatvāt śaktiśabdamukhyārthatvam eva saṃbhavati tathāpy adravyasyaiva śaktiśabdābhidheyatvam abhipretya tathoktam iti draṣṭavyam.*

[214] Das Mitursachesein für das Weltwirken des Gottes scheint jedoch im Sinne des Hervorbringens usw. der Welt nicht uneingeschränkt anerkannt worden zu sein. Vgl. Meghanādārisūri oben pp. 49f. und 55f.

[215] Vgl. CŚBh p. 4, 3: *sattādiśabdās tv asyāṃ bhagavadantaraṅgaviśeṣaṇatvādyabhiprāyāḥ.*

[216] Vgl. NySiddhV 363, 7f.: *yady api lakṣmyāḥ ... śaktiśabdamukhyārthatvam eva sambhavati.*

wiesene Lehre durch ein Zitat der Ahirbudhnyasaṃhitā und des Lakṣmītantram.[217] Dennoch ist es fraglich, ob die hier zurückgewiesene Lehre in dieser Weise als Lehre der Saṃhitās identifiziert werden kann. Die Lehre von der Göttin in den Saṃhitās ist in ihrer Differenziertheit noch kaum untersucht worden, so daß man sich darauf beschränken muß, aus der Zurückweisung Aufschluß über die gemeinte Lehre zu erhalten, ohne sie einer bestimmten Quelle zuzuschreiben.

Festgehalten muß jedenfalls werden, daß die zurückgewiesene Lehre nach Veṅkaṭanāthas Verständnis die Auffassung vertreten haben muß, daß die mit der Göttin gleichgesetzte *ahaṃtā* nicht geistigen Wesens ist[218] insofern das Wort *ahaṃtā* einen Aspekt des innergöttlichen Seins meine.[219] Das für Veṅkaṭanātha Fragwürdige an dieser Lehre scheint daher gewesen zu sein, daß die Göttin in dieser Auffassung nicht als ein eigenständiges, geistiges Wesen betrachtet wurde. Aus eben diesem Grund ist jedenfalls auszuschliessen, daß Veṅkaṭanātha sich hier auf Varadagurus Theologie der Göttin in seinem Prapannapārijātam beziehen könnte. Dennoch scheint es notwendig zu zeigen, wie sich die Lehre Varadagurus von der hier zurückgewiesenen unterscheidet.

Es wurde bereits festgehalten,[220] daß Varadaguru die Begriffe von *aham* und *ahaṃtā* aus dem Lakṣmītantram herangezogen hat, um den in der Viṣvaksenasaṃhitā verwendeten Begriff der *vyāptiḥ* von Gott und Göttin näher zu bestimmen. In diesem Sinne scheint die *ahaṃtā* bei Varadaguru jene reale Wesenheit zu sein, durch die das Brahma zu einem „Ich" (*aham*) als göttliches Wesen, nämlich Viṣṇu-Nārāyaṇa, wird, und die zu diesem „Ich" im Verhältnis der *vyāptiḥ* steht, d.h. diesem „Ich", ihm überall und jederzeit verbunden, die Konkretheit seines Seins ermöglicht. Wenn diese Interpretation richtig ist,[221] scheint in diesem Verständnis der Beziehung von Gott und Göttin ein Wesenszug des rāmānujeischen Denkens

---

[217] Siehe CŚBh p. 4, Anm 1.

[218] Vgl. CŚBh p. 4, 2: *cetanatvavyapadeśena nirāsaḥ.*

[219] Vgl. CŚBh p. 4, 3: *sattādiśabdās tv asyāṃ bhagavadantaraṅgaviśeṣaṇatvādyabhiprāyāḥ.*

[220] Siehe oben pp. 36ff.

[221] Diese bleibt jedoch wie die aus ihr abgeleiteten Folgerungen hypothetisch, solange explizite Aussagen Varadagurus fehlen.

zum Ausdruck zu kommen, nämlich daß das weltwirkende Sein Gottes und der Göttin nicht evolutionistisch aus dem höchsten Brahma abgeleitet werden darf, sondern, gebrochen durch das *śeṣa-śeṣī*-Sein, in der ewigen Verbindung des Brahma als *paramātmā* und *śeṣī* mit der Göttin als seinem *śeṣaḥ* im Sinne eines komplementären Paares gegeben ist, das seinerseits dem übrigen Seienden als *śeṣī* gegenübersteht. Dadurch, daß die eigenständige Göttin auf der Ebene der Eigenschaften (*guṇaḥ*) und der Eigenwirklichkeit (*svabhāvaḥ*)[222] als der die Wirklichkeit des das Brahma bestimmende *śeṣaḥ* gegeben ist, ist erst das so bestimmte Brahma als Gott Viṣṇu-Nārāyaṇa ein weltwirkendes „Ich“ und die dieses bedingende Göttin ihrerseits „Ich-heit“ des Brahma. Dieses göttliche „Ich“ bleibt jedoch seinem Wesen nach (*svarūpataḥ*) *śeṣī* und „Herr“[223]. Dies gilt sowohl in einer religiös-ontologischen Perspektive, wie auch in der Perspektive einer mythologischen Theologie, in der der mythologisch gedachte Gott eben nur in Verbindung mit der mythologisch vorgestellten Gattin Gatte ist.

Wenn Veṅkaṭanātha im erwähnten Text (1) die Lehre, wonach die Göttin die Form der „Ich-heit“ (*ahaṃtā*) des Gottes ist, ablehnt, so wendet er sich nicht gegen den von Varadaguru aus dem Lakṣmītantram übernommenen und interpretierten Begriff der *ahaṃtā*, sondern offenbar gegen die Lehre, nach der die Göttin nur ein Aspekt des innergöttlichen Seins (*bhagavadantaraṅgaviśeṣaṇam*) des sich so entfaltenden Gottes ist und daher kein eigenständiges geistiges Seiendes wäre. Analoges müßte man von allen anderen, von ihm zurückgewiesenen Vorstellungen der Göttin wie *prabhā, vidyā, icchā* und *bhoktṛtvam* sagen.

(2) „Jene aber, die lehren, daß eben der Erhabene [selbst] die Śrī ist, wenn er durch Seiendheit (*sattā*) usw. bestimmt ist, und jene, [die lehren], daß eben Er, wenn er durch einen anderen ewigen Körper, der die Form einer Frau hat, bestimmt ist (*viśiṣṭaḥ*), diese ist, oder [auch] jene [, die lehren], daß Er selbst, wenn Er entsprechend dem Annehmen der Rolle des Dämonen-Verblendens zum Zweck des Genießens einen zeitlich angenommenen Körper einer geliebten

---

[222] Vgl. PraP 6, 6cd-8ab: *guṇataś ca svarūpeṇa vyāptis sādhāraṇī matā // 6 mayā yathā jagad vyāptaṃ svarūpeṇa svabhāvataḥ / tayā vyāptam idaṃ sarvaṃ niyantrī ca tatheśvarī // 7 mayā vyāptā tathā sāpi tayā vyāpto 'ham īśvaraḥ /.*

[223] Vgl. PraP 6, 9: *tasyāś ca jagataś cāham īśvaraḥ ...*

Frau besitzt, die Śrī ist, [alle] diese sind durch die vielfältigen [Aussagen der] autoritativen Texte (*śāstraiḥ*), welche diesbezüglich fraglos lehren, daß [die Śrī] eine [von Gott] ewig unterschiedene Geistigkeit [besitzt], zurückgewiesen. Und die Offenbarungsaussage (*śrutiḥ*) *hrīś ca te lakṣmīś ca patnau* zeigt [ihrem] Sinn nach (*svarasataḥ*), daß Gatte und Gattin ihrem Eigenwesen nach unterschieden sind; und dafür gibt es kein aufhebendes [Argument], das nicht auf eine andere Weise aufgefaßt werden kann. Auch dies ist hier [mit den Worten der Catuḥślokī] *kāntas te* zufolge des Hinweises auf ein Geschiedensein zum Ausdruck gebracht."[224]

Scheinen die im Abschnitt (1) zurückgewiesenen Lehren innerhalb der Pāñcarātra-Tradition oder jedenfalls in enger Berührung mit ihr entwickelt worden zu sein, so dürften die in Text (2) zurückgewiesenen Lehren von der Göttin aus purāṇisch-orthodoxer Tradition kommen. Abgesehen von dem eindeutigen Hinweis auf die purāṇische Erzählung von Viṣṇu, der in Gestalt einer Frau die Dämonen betört hat, wird nämlich Veṅkaṭanāthas kurze Darstellung der zurückgewiesenen Lehre von der Göttin von Śrīraṅgarāmānuja in seinem Kommentar zu Veṅkaṭanāthas Nyāyasiddhāñjanam unter Erwähnung ihrer purāṇischen Quellen nahezu wortwörtlich wiedergegeben.

Dort heißt es in der Erklärung der von Veṅkaṭanātha erwähnten Lehre, daß Gott und Göttin identisch sind (*aikyavādaḥ*): „Im Anschluß an die Aussagen des Brahmāṇḍa- und des Kāśyapīyapurāṇam (= Garuḍapurāṇam?) *naranarīmayo hariḥ* beziehungsweise *nārāyaṇātmikām devīm* und im Anschluß an die Aussage des Śrīviṣṇuvaibhavam: *tvaṃ yādṛśo 'si kamalām api tādṛśīṃ te dārān vadanti yuvayor na tu bhedagandhaḥ / māyāvibhaktayuvatītanum ekam eva tvām mātaraṃ ca pitaraṃ ca yuvānam āhuḥ //*[225] besteht

[224] CŚBh 4, 12-17: *ye tu sattādiviśiṣṭo bhagavān eva śrīr iti vā strīrūpanityavigrahāntaraviśiṣṭaḥ sa eveyam iti vā daityamohanabhūmikāparigrahanyāyena svayam eva bhogārthaṃ parigṛhītakādācitkakāntāvigrahaḥ sa eva śrīr iti vā vadanti te 'pi tadviṣayanirbādhanityabhinnacetanatvavyapadeśakais tais tair eva śāstraiḥ nirākṛtāḥ. hrīś ca te lakṣmīś ca patnyau iti śrutiś ca patyuḥ patnyāś ca svarūpabhedaṃ svarasato darśayati. na cātrānanyathāsiddhaṃ bādhakam asti. idam apy atra kāntas te iti vyadhikaraṇanirdeśena vyañjitam.*

[225] NySiddhV p. 360, 12f.: „Wie beschaffen du bist, so beschaffen lehren sie auch Kamalā (= Lakṣmī), deine Gattin; Euch kommt nicht [einmal] die Spur eines Unterschiedes zu. Sie sagen, daß Du, der junge Mann, der Du ein einziger

[die Lehre], daß der Erhabene selbst charakterisiert durch Seiendheit usw. die [Göttin] Śrī ist oder daß er selbst charakterisiert durch einen anderen ewigen Körper, der die Form einer Frau hat, die [Göttin] Śrī ist oder daß er selbst im Besitz eines von ihm selbst gelegentlich zum Zweck des Genusses nach dem Denkmodell des Annehmens der Rolle des Verführers der Dämonen angenommenen Körpers einer Geliebten [die Göttin] Śrī ist [beziehungsweise] ein Teil des Eigenwesens (*svarūpaikadeśaḥ*) des Erhabenen ist, der mit Hilfe einer eigenen Ich-heit (*pṛthagahaṃtayā*), die immerdar zum Zweck des gegenseitigen Genießerseins angenommene Form einer Frau hat, der Gegenstand des Wortes *śrī* ist. Soweit die Lehre von der Identität [des Gottes und der Göttin] (*aikyavādaḥ*)."[226]

Der Text ist insofern wichtig, als Śrīraṅgarāmānuja eindeutig zum Ausdruck bringt, daß die drei von Veṅkaṭanātha im Catuḥślokībhāṣyam zurückgewiesenen Lehren aufgrund purāṇischer Zeugnisse entwickelt wurden; Veṅkaṭanātha selbst verweist nur anläßlich der dritten referierten Lehre auf purāṇische Tradition.[227] Alle drei Lehren kommen darin überein, daß die Göttin nichts anderes als der Gott selbst ist.[228] Wenn auch die zweite und die dritte dieser Lehren durch die in ihnen zum Ausdruck gebrachten Vorstellungen und ihre konkret-mythologische Art es als möglich erscheinen lassen, daß es sich um eine stilisierende Umschreibung von Vor-

---

bist [und] einen durch Māyā getrennt [erscheinenden] Körper einer jugendlichen Frau besitzt, Mutter und Vater bist."

[226] NySiddhV p. 360,11-16: *naranārīmayo harir nārāyaṇātmikāṃ devīm iti brahmāṇḍakāśyapīyapurāṇavacanānurodhāt tvaṃ yādṛśo 'si kamalām api tādṛśīṃ te dārān vadanti yuvayor na tu bedhagandhaḥ / māyāvibhaktayuvatītanum ekam eva tvāṃ mātaraṃ ca pitaraṃ ca yuvānam āhuḥ // iti śrīviṣṇuvaibhavavacanānurodhāc ca sattādiviśiṣṭo bhagavān eva śrīr iti vā strīrūpanityavigrahāntaraviśiṣṭaḥ sa eva śrīr iti vā daityamohanabhūmikāparigrahanyāyena svayam eva bhogārthaṃ parigṛhītakādācitkakāntāvigrahaḥ sa eva śrīr iti vā bhagavata eva svarūpaikadeśaḥ pṛthagahantayā parasparabhoktṛtvāya sarvadā parigṛhītastrīrūpaḥ śrīśabdārtha ity aikyavādaḥ.* – Auffallend ist, daß Śrīraṅgarāmānuja mit den Lehren des Abschnittes (2) auch jene des Abschnittes (3) verbindet und unter dem Überbegriff des *aikyavādaḥ* subsumiert, was jedenfalls mit Veṅkaṭanāthas Darstellung der abgelehnten Lehren nicht übereinstimmt.

[227] Vgl. *daityamohanabhūmikāparigrahanyāyena.*

[228] Vgl. die Formel *sa bhagavān eva śrīḥ* und Śrīraṅgarāmānujas Zuordnung dieser Lehren zu der als *aikyavādaḥ* charakterisierten Lehre von der Göttin.

stellungen der Purāṇen selbst handeln könnte, ist dies im Falle der ersten kaum denkbar. Der Ausdruck *sattādiviśiṣṭo bhagavān* bezieht sich offenbar auf eine eher begrifflich-philosophische Bemühung, zu erklären, in welcher Art und Weise Gott gedacht ist, der zur Göttin geworden ist. Wenn man berechtigt ist, den letzten Satz von Śrīraṅgarāmānujas Text zur Erklärung heranzuziehen, möchte man annehmen, daß hier neben der *sattā* „Seinsweise" (?) auch die *ahaṃtā*, die „Ich-heit", durch das Wort „usw." (*ādi-*) angesprochen ist und dies nicht im Sinne der *ahaṃtā* des Lakṣmītantra, sondern im Sinne einer vom „Ich-Sein" Gottes zu unterscheidenden „Ich-heit" (*pṛthagahaṃtā*). Im Gegensatz zu den beiden anderen Vorstellungen von der Śrī, nach denen der Gott ebenfalls selbst die Göttin ist, ist in dieser Lehre nicht die Sprache von einem ewigen oder auch nur gelegentlich angenommenen Körper, durch den der Gott als Göttin zur Erscheinung kommt, sondern scheint die Wirklichkeit Gottes als Śrī begrifflich abstrakter gedacht zu sein. Mehr läßt sich gegenwärtig über diese Lehre nicht sagen.

So kurz andeutend Veṅkaṭanāthas Text auch ist, so belegt er dennoch eine vielfältige, theologische Auseinandersetzung mit der Mythologie der Göttin, die in einem durch die brahmanische Purāṇen-Überlieferung geprägten Milieu vor sich ging und von der sich die Rāmānuja-Schule in der zwischenschulischen Kontroverse absetzte. Bemerkenswert ist dabei, daß es sich abgesehen von der an erster Stelle erwähnten Lehre nicht nur um eine begrifflich-spekulative Auseinandersetzung gehandelt zu haben scheint, sondern um eine mit mythologischen Vorstellungen arbeitende Theologie, die nicht eigentlich evolutionistisch wie das Pāñcarātra dachte, sondern die polytheistisch geprägte und in den Purāṇen überlieferte Vorstellung von der Göttin dadurch zu überwinden suchte, daß sie diese Vorstellung im Sinne der Identität von Gott und Göttin strukturierte und so für ein monotheistisches Denken zugänglich machte, ein Denkansatz, der, wenn auch in modifizierter Form, auch für die folgenden Lehren von der Göttin bestimmend gewesen zu sein scheint.

(3) „Auch jene, die meinen, daß der Gegenstand des Wortes *śrī* ein Teil des Eigenwesens (*svarūpaikadeśaḥ*) des Erhabenen ist, der mit Hilfe einer unterschiedenen 'Ich-heit' (*pṛthagahaṃtayā*) [und] zum Zweck gegenseitigen Genießerseins die Form der [Göttin] Śrī bleibend angenommen hat [und] es daher, wenn beiden ein Unterschieden- und Ununterschiedensein zugeschrieben wird, keinen Widerspruch für [ihr] Geistigsein gäbe, sind durch die autorita-

tiven Aussagen, die die Teillosigkeit von Brahmas Eigenwesen lehren, zurückgewiesen. – Die Lehre zufolge der Aussage *naranarīmayo hariḥ* des Brahmapurāṇam aber, daß Hari auch weiblich ist, ist in Übereinstimmung mit dem Vergleich (*dṛṣṭāntānusāreṇa*) dort, [wo es heißt:] *jyotsneva himadīdhiteḥ*[229], ohne Widerspruch mit dem Geschiedensein des Wesens darzulegen wie die Rede von der Lichthaftigkeit des Lichtsubstrates.

Damit ist auch [die These] zurückgewiesen, daß wie ein Teil des Samens Materialursache des Keimes ist, ein Teil des Eigenwesens des Brahma, das Materialursache von allem ist, im Zustand der Wirkung (*kāryopayuktasvarūpaikadeśaḥ*) als Substrat einer aufgrund der Eigenwirklichkeit (*svabhāvataḥ*) oder durch die Fähigkeit zur Umwandlung (*pariṇāmaśaktyā*) beziehungsweise durch den Unterschied zusätzlicher Bedingungen (*upādhibhedena*) unterschiedenen Ahaṃtā als Śrī bezeichnet wird, weil in den Brahmasūtren eine Umwandlung des Eigenwesens [des Brahma] zurückgewiesen ist.

Die These aber, daß der Unterschied (*bhedaḥ*) auf einem durch eine zusätzliche Bedingung [gegebenen] Teil [beruht] (*upahitāṃśa-*), läuft auf eine zusätzliche Bedingung wie Körper usw. hinaus, weil beim teillosen Eigenwesen des Brahma (*brahmasvarūpe*) nicht ein Teil [dieses Wesens] durch eine zusätzliche Bedingung, wie beispielsweise im Falle des Meerwassers ein Topf, anderswohin gebracht werden kann. Weil es aber, wenn entsprechend dem Prinzip des Topf-Äthers der jeweils frühere durch eine zusätzliche Bedingung [gegebene] Teil aufgegeben wird, unmöglich ist, eine Verbindung des jeweils späteren zufolge einer zusätzlichen Bedingung [gegebenen] Teiles mit dem durch den jeweils früheren zufolge einer zusätzlichen Bedingung [gegebenen] Teil gemachten Genuß (*pūrvapūrvāṃśānubhūtabhoga-*) herzustellen, da ein genießendes Subjekt (*bhoktuḥ*), das die Form des jeweiligen Teiles besäße, fehlt, ist [diese These] völlig unmöglich, tritt doch, sofern diese Verbindung nur in der [Identität einer] einzigen Reihe von [nacheinander folgenden Momenten] eines genießenden Subjektes besteht, dadurch, daß eine bleibende [ewige] Seele aufgegeben ist (*sthirātmaparityagaprasaṅgāt*) die Lehre der Buddhisten ein.

Und jene, die einen durch die Umwandlung in Form von Avatāras als *upādhiḥ* unterschiedenen Teil [des Erhabenen als

---

[229] AhirS 3, 23.

Göttin] lehren, sind durch autoritative Aussagen über einen ewigen Körper der Lakṣmī usw. zurückgewiesen. All dies ist hier [in Catuḥślokī 1] ebenfalls durch den Sprachgebrauch, [der] eine getrennte Referenz [impliziert], angedeutet. Der [Sprach]gebrauch [der Bhagavadgītā in Form] der Kongruenz[, wenn es heißt] *kīrtiś śrīr vāk ca nārīṇām* usw.[230], ist durch einen besonderen Zusammenhang verursacht, auch wenn wie vorher auch nachher ein Unterschiedensein des Eigenwesens besteht. Durch den [Sprach]gebrauch der getrennten Referenz [, wenn gesagt ist] *viṣṇoḥ śrīr anapāyinī* usw.[231], ist [dieses] Unterschiedensein erwiesen. –

Aufgrund des Prinzips des beispielhaft Hervorgehobenseins (*agryaprāyanyāyāt*) dürfte sich dann ergeben, daß [sie] wie die anderen gemeinsam erwähnten Frauen der Macht des Karma unterworfen ist. – [Dies] kann nicht sein, weil im Falle der Widersprüchlichkeit einer Aussage [dieses] Prinzip nicht zutrifft. Wenn dies nicht so wäre, wie könnte [dann] hier in [den Aussagen] *adityānām aham viṣṇuḥ*[232] *vṛṣṇīnāṃ vasudevo 'smi*[233] [oder] *anantaś cāsmi nāgānāṃ vainateyaś ca pakṣiṇām*[234] vermieden werden, daß es sich ebenso verhält. Wenn [man sagt], aufgrund des aussondernden Hervorhebens (*nirdhāraṇāt*), [so] ist [dies] nicht [möglich], weil dies trotz Gleichartigkeit nur zufolge einer Verschiedenheit möglich ist. – Im Falle [ihres] Gottseins oder Nicht-Gottseins [beziehungsweise] im Falle [ihres] dem Karma Unterworfenseins oder Nichtunterworfenseins aber [bietet] nur eine andere autoritative Aussage (*pramāṇāntaram*) Sicherheit. Und dieses von einem dem Karma Unterworfenen Verschiedensein wird hier für die [Göttin] durch die Aussage deutlich gemacht, daß sie selbst Brahmā usw. übertrifft.

[Einwand:] Deutet aber nicht die Verbindung [des Gatten] mit einem Körper, der zur Hälfte [die Form der] Lakṣmī hat, [darauf hin], daß der Gatte der Śrī und die Śrī einen einzigen Körper haben oder ein einziges Eigenwesen (*rūpaikyam*) sind oder daß ihnen sowohl Unterschied als auch Nicht-Unterschied eigen ist? Auch ist im

---

[230] BhG 10, 34.: „Unter den Frauen bin ich Kīrti, Śrī und Vāk." Vgl. auch Veṅkaṭanāthas Kommentar zu diesem Vers, TC p. 300, 1ff.

[231] ViP 1, 8, 17.

[232] BhG 10, 21.

[233] BhG 10, 37.

[234] BhG 10, 30.

Śrīviṣṇuvaibhava-Kapitel gesagt: 'Wie beschaffen du bist, so beschaffen lehren sie auch Kamalā (= Lakṣmī), deine Gattin; Euch kommt nicht [einmal] die Spur eines Unterschiedes zu. Sie sagen, daß Du, der junge Mann, der Du ein einziger bist [und] einen durch Māyā getrennt [erscheinenden] Körper einer jugendlichen Frau besitzt, Mutter und Vater bist.' – [Antwort:] Dies ist nicht [so], weil die Einheit des Körpers, sofern sie auch auf andere Weise, [nämlich] durch das Eintreten des zufolge des Wunsches beider Einswerdens nur des Körpers, möglich ist, keineswegs eine der Śruti widersprechende Einheit des Eigenwesens bedingt. – Wenn man einwendet: Dennoch, wozu sollte man, wenn alles irgendwie nur durch den einen Paramātmā ausgeführt wird, einen Unterschied der Wesenheit [zwischen Gott und Göttin] annehmen? – [Antwort: So kann man] nicht [sagen], weil es unrichtig ist, das, was hinsichtlich einer [Lehr-]Meinung zu sagen ist, hinsichtlich einer [Aussage der] Śruti zu sagen; die [entsprechende Aussage der] Śruti wurde aber schon zuvor genannt. Dementsprechend sind auch die Worte Vasudhās (*bhūmivākyam*) in der Viṣṇusmṛtiḥ: *ākramya sarvāṃ tu yathā trilokīṃ tiṣṭathy ayaṃ devavaro 'sitākṣi, tathā sthitā tvaṃ varade tathāpi* usw.[235] Durch die Worte des Purāṇam: *nānayor vidyate param* usw.[236] und durch die Aussagen des Śāstram des Erhabenen *ekatattvam ivoditau*[237] ist die [Lehre von der] Identität der [beiden] Eigenwesen (*svarūpaikyam*) zurückgewiesen. Wenn man sich aber aus Leichtfertigkeit nur an diese hält, dürfte auch für alle Ātmans die Identität folgen."[238]

---

[235] Viṣṇusmṛtiḥ 99, 6: „Wie [Dein] göttlicher Gemahl, der Dunkeläugige, anwest, indem er die ganze Dreiwelt unter seiner Herrschaft hat, in der gleichen Weise bist Du [hier] gegenwärtig, Gabengewährende."

[236] ViP 1, 8, 35.

[237] AhirS 3, 26.

[238] CŚBh pp. 4, 18 – 6, 4: *ye ca manyante bhagavata eva svarūpaikadeśaḥ pṛthagahantayā parasparabhoktṛtvāya sarvadā parigṛhītastrīrūpaḥ śrīśabdārthas tena bhedābhedavyapadeśayoś cetanatvasya cāvirodha iti te 'pi brahmaṇaḥ svarūpato niravayavatvaṃ pratipādayadbhiḥ pramāṇair nirastāḥ. naranārīmayo harir iti brāhmapurāṇavacanena tu harer nārīmayatvavyapadeśaḥ jyotsneva himadīdhiter iti tatratyadṛṣṭāntānusāreṇa prabhāśrayasya prabhāmayatvavyapadeśavat svarūpabhedāvirodhena nirvāhyaḥ. etena bījāder aṅkuropādānāṃśavad viśvopādānasya brahmaṇaḥ kāryopayuktasvarūpaikadeśa eva svabhāvato vā pariṇatiśaktyā vopādhibhedena vā bhinnāhantāśrayaḥ śrīr iti vyapadiśyata iti pakṣo 'pi pra-*

In dem oben[239] zitierten Text Śrīraṅgarāmānujas hatte dieser die Darstellung der in Abschnitt (3) als erste zurückgewiesenen Lehre mit jenen zwei Lehren verbunden, die Veṅkaṭanātha im vorhergehenden Abschnitt (2) erörtert hatte, um den von Veṅkaṭanātha verwendeten Begriff des *aikyavādaḥ* zu erklären. Veṅkaṭanātha selbst unterscheidet sie hier jedoch deutlich von den in Abschnitt (2) besprochenen Lehren und qualifiziert sie genauer als *bhedābhedavādaḥ*: Veṅkaṭanāthas Darstellung dieser Lehre läßt diese jedoch in einer noch viel differenzierteren Sicht erscheinen. „Auch jene, die meinen, daß der Gegenstand des Wortes *śrī* ein Teil des Eigenwesens (*svarūpaikadeśaḥ*) des Erhabenen ist, der mit Hilfe einer un-

---

tikṣipto brahmaṇaḥ svarūpapariṇāmādeś ca śārīrake nirastatvāt. upahitāṃśabhedapakṣas tu vigrahādyupādhau sañcarati niravayave brahmasvarūpe sarijjalādau ghaṭādinevopādhinā kasyacid aṃśasyānyatrākarṣaṇāyogād ghaṭākāśanyāyena pūrvapūrvopahitāṃśaparityāge tu tattadaṃśarūpasya bhoktur abhāvād uttarottaropahitāṃśānāṃ pūrvapūrvāṃśānubhūtabhogapratisandhānānupapatteḥ bhoktṛsantatyekatāmātreṇa pratisandhāne saugatamatonmajjanena sthirātmaparityāgaprasaṅgāc cātyantānupapannaḥ. avatārapariṇāmopādhibhinnāṃśavādino lakṣmyāder nityadehādipramāṇaiś ca nirāsire. etad api sarvam atra vyadhikaraṇaprayogenaiva sūcitam. kīrtiś śrīr vāk ca nārīṇām ityādisamānādhikaraṇaprayogaś ca pūrvāparavat svarūpabhede 'pi saṃbandhaviśeṣanibandhanaḥ. viṣṇoḥ śrīr anapāyinī ityādibhir vyadhikaraṇaprayogaiś ca bhedas siddhaḥ. tarhy agryaprāyanyāyāt sahapaṭhitanāryantaravat karmavaśyatvaṃ syān na syāt, vacanavirodhe nyāyasyānavakāśāt. na ced evam ādityānām ahaṃ viṣṇur vṛṣṇīnāṃ vāsudevo 'smy anantaś cāsmi nāgānāṃ vainateyaś ca pakṣiṇām ity atra kutas tathā tv anistāraḥ? nirdhāraṇād iti cen na. sājātye 'pi vaiṣamyamātreṇa tadupapatteḥ. īśvaratvānīśvaratvakarmavaśyatvākarmavaśyatvādau tu pramāṇāntaram eva śaraṇam iti. idaṃ cāsyāḥ karmavaśyavaijātyam iha brahmādibhyo 'py adhikatvoktyā prakāśitam. nanv ardhalakṣmīkavigrahayogaḥ śrīpateḥ śriyaś ca vigrahaikyaṃ svarūpaikyaṃ bhedābhedaṃ vā sūcayati. uktañ ca śrīviṣṇuvaibhavādhikāre tvaṃ yādṛśo 'si kamalām api tādṛśīṃ te dārān vadanti yuvayor na tu bhedagandhaḥ / māyāvibhaktayuvatītanum ekam eva tvāṃ mātaraṃ ca pitaraṃ ca yuvānam āhuḥ // iti. tan nobhayecchayā vigrahamātrasyaikīkaraṇasaṃbhavenānyathāpy upapannatayā vigrahaikyasya śrutyādiviruddhasvarūpaikyādikalpakatvāyogāt. tathāpy ekenaiva paramātmanā yathā kathañcit sarvanirvāhe kim atrātmabhedasvīkāreṇeti cen na kḷptau vaktavyasya śrutau vaktum ayuktatvāt. uktā ca śrutiḥ prāg eva. tadanuguṇaṃ ca śrīviṣṇusmṛtau bhūmivākyam ākramya sarvāṃ tu yathā trilokīṃ tiṣṭhaty ayaṃ devavaro 'sitākṣi / tathā sthitā tvaṃ varade tathāpītyādikam nānayor vidyate param ityādibhiḥ purāṇavacanair ekatattvam ivoditāv ityādibhagavacchāstravacanaiś ca svarūpaikyam anayor apāstam. lāghavatanmātrāvalambane tu sarveṣām apy ātmanām aikyaṃ prasajet.

239 Siehe p. 91.

terschiedenen 'Ich-heit' (*pṛthagahaṃtayā*) [und] zum Zweck gegenseitigen Genießerseins die Form der [Göttin] Śrī bleibend angenommen hat [und] es daher, wenn beiden ein Unterschieden- und Ununterschiedensein zugeschrieben wird, keinen Widerspruch für [ihr] Geistigsein gäbe, sind durch die autoritativen Aussagen, die die Teillosigkeit von Brahmas Eigenwesen lehren, zurückgewiesen."[240] Zwar geht es in dieser Stelle um die Lehre von der Identität (*aikyavādaḥ*) des Eigenwesens (*svarūpam*) von Gott und Göttin, jedoch nicht wie in Abschnitt (2) um eine vollständige, wonach der Gott selbst die Göttin wäre, sondern um eine spezifische, nämlich darum, daß nur ein Teil des Eigenwesens Gottes die Göttin ist und daher [beide] sowohl unterschieden wie auch nicht unterschieden sind (*bhedābhedavyapadeśayoḥ*).

Auffallend ist, daß Veṅkaṭanātha dieser Lehre eine relativ ausführliche und differenzierte Diskussion widmet, die zeigt, daß diese für ihn in besonderer Weise aktuell war. Veṅkaṭanātha gliedert diesen Text entsprechend dem Typus der zurückgewiesenen Lehre von der Göttin in drei Abschnitte: (a) Zunächst widerlegt Veṅkaṭanātha den *bhedābhedavādaḥ* von der Göttin in seinen drei Grundtypen grundsätzlich (CŚBh pp. 4, 18 – 5, 10); (b) im Anschluß daran greift er eine Variante auf, die mit der Entfaltung der Avatāras gearbeitet hat (CŚBh p. 5, 11-20) um schließlich (c) jene Lehre aufzugreifen, die sich offenbar am Mythologem von einem halb weiblichen und halb männlichen Körper des Gottes orientiert hatte (CŚBh pp. 5, 21 – 6, 4).

(a) Die grundsätzliche Widerlegung der Lehre von der Göttin als von Gott unterschieden und ununterschieden (vgl. *bhedābhedavyapadeśayoḥ*) scheint der Lehre vom Unterschieden- bzw. nicht-Unterschiedensein des Brahma und der Welt zu entsprechen, die innerhalb der Vedāntatradition beispielsweise von Bhāskara (*aupādhikabhedābhedavādaḥ*) und Yādavaprakāśa (*svabhāvikabhedābhedavādaḥ*) vertreten wurde und von diesen oder ihren Anhängern offenbar auch auf die Göttin angewendet wurde, selbst wenn es außer der hier diskutierten Lehre, keine ausdrücklichen Hinweise dafür gibt.

Diese grundsätzliche Widerlegung betrifft zunächst die Auffassung der Göttin als einen Teil des Eigenwesens des Erhabenen,

---

[240] CŚBh pp. 4, 18 – 5, 1.

welcher für immer (*sarvadā*) zufolge einer eigenen „Ich-heit" (*pṛthagahaṃtā*) zum Zweck des gegenseitigen Genusses die Gestalt einer Frau besitzt.[241] Diese Lehre hat eine gewisse Ähnlichkeit mit jener in Abschnitt (2) erwähnten, jedoch mit dem einen Unterschied, daß hier nicht der Gott als ganzer, sondern lediglich ein Teil seines Eigenwesens (*svarūpaikadeśaḥ*) einen ewigen, nicht zeitlich bedingten Körper einer Frau besitzt, und damit die Göttin von Gott unterschieden und doch auch wieder nicht unterschieden ist (*bhedābhedaḥ*), so daß es wegen der getrennten Ich-heit dieses Teiles des göttlichen Eigenwesens keinen Widerspruch mit Offenbarungsaussagen gibt, welche die Göttin als ein eigenes Geistwesen betrachten.[242] Dem entsprechend weist Veṅkaṭanātha diese Lehre mit dem Hinweis zurück, daß das Brahma seinem Eigenwesen nach teillos ist.[243] Die hier zurückgewiesene Lehre könnte ebenfalls in einer viṣṇuitisch-orthodoxen, den Purāṇen verpflichteten Denktradition entstanden sein. Darauf könnte die Vorstellung von einem ewigen, weiblichen Körper des Gottes und Veṅkaṭanāthas Bemerkung, wie die Aussage des Brahmapurāṇam, auf die sich die zurückgewiesene Lehre berufen zu haben scheint, zu verstehen sei, hinweisen.

Im Anschluß an diese Lehre bringt Veṅkaṭanātha eine relativ ausführliche Diskussion, die zeigt, daß der *bhedābhedavādaḥ* zu seiner Zeit die Theologie der Göttin recht nachhaltig geprägt hatte, und behandelt mehrere ähnliche Lehren von der Göttin zusammen, denen allen gemeinsam zu sein scheint, daß sie ein zeitlich begrenztes In-Erscheinung-Treten der Göttin im Sinne des *bhedābhedavādaḥ* vertreten haben.

Veṅkaṭanāthas Darstellung ist leider zu wenig explizit, um diese Lehren bestimmten Denkern zuordnen zu können. Jedenfalls scheint sie Vorstellungen von der Göttin zu betreffen, die jeweils Bhāskaras oder Yādavaprakāśas Brahma-Lehre zur begrifflichen Klärung der Theologie der Göttin herangezogen haben. In diesem Sinne möchte man die Worte Veṅkaṭanāthas deuten, wenn er sagt:

---

[241] Vgl. CŚBh p. 4, 17f.

[242] Vgl. CŚBh p. 4, 19: *cetanatvasya cāvirodhaḥ*, und *ibid.* p. 4, 14: *tadviṣayanirbādhanityabhinnacetanatvavyapadeśakais tais tair eva śāstraiḥ nirākṛtāḥ.*

[243] Vgl. CŚBh p. 4, 19ff.: *te 'pi brahmaṇaḥ svarūpato niravayavatvam pratipādayadbhiḥ pramāṇair nirastāḥ.*

„Damit ist auch [die These] zurückgewiesen, daß wie ein Teil des Samens Materialursache des Keimes ist, ein Teil des Eigenwesens des Brahma, das Materialursache von allem ist, im Zustand der Wirkung (*kāryopayuktasvarūpaikadeśaḥ*) als Substrat einer aufgrund der Eigenwirklichkeit (*svabhāvataḥ*) oder durch die Fähigkeit zur Umwandlung (*pariṇāmaśaktyā*) beziehungsweise durch den Unterschied zusätzlicher Bedingungen (*upādhibhedena*) unterschiedenen Ahaṃtā als Śrī bezeichnet wird."[244] Die Formulierung *brahmanaḥ kāryopayuktasvarūpaikadeśaḥ* scheint so wie die Ausdrücke *pariṇatiśaktyā* bzw. *upādhibhedena* als Begründung des Hervorgehens der Śrī aus dem Brahma, das „Materialursache von allem" ist, dem *bhedābhedavādaḥ* Bhāskaras zu entsprechen, während der Ausdruck *svabhāvataḥ* eine Assoziation mit Yādavaprakāśas *svabhāvikabhedābhedavādaḥ* weckt, selbst wenn der Herausgeber des Textes den Vergleich des Brahma mit dem Samen auf eine Aussage der Sanatkumārasaṃhitā bezieht.[245] Wenn dies richtig ist, hat die betreffende Theologie der Śrī im Sinne Bhāskaras gelehrt, daß die Göttin durch eine Selbstentfaltung (*pariṇatiśaktyā*) des Brahma und/oder durch bestimmte zusätzliche äußere Bedingungen (*upādhibhedena*) als konkrete Erscheinungsform (vgl. *bhinnāhaṃtāśrayaḥ*) eines Teiles des sich zur Wirkung entfaltenden Brahma entsteht.

Wenn der Ausdruck *svabhāvataḥ* tatsächlich auf Yādavaprakāśas Lehre bezogen werden darf, wie hier angenommen ist, müßte man annehmen, daß ein Teil des zur Wirkung entfalteten Brahmas seiner Eigenwirklichkeit nach Substrat einer eigenständigen Ahaṃtā ist, und als Śrī bezeichnet wird. Man fragt sich in diesem Zusammenhang, was mit dieser eigenständigen Ahaṃtā gemeint sein kann. Jedenfalls scheint der Teil des Eigenwesens des Brahma, der als Śrī bezeichnet wird, ihr Substrat zu sein, sofern er den Zustand der Wirkung erreicht hat, nicht sofern er Teil des Eigenwesens des Brahma als solchen ist. Man möchte darum annehmen, daß mit Ahaṃtā nicht ein innerer Aspekt des relational als Gott gedachten

---

[244] CŚBh p. 5, 4-6.

[245] Abgesehen davon, daß kein exaktes Stellenzitat gegeben wird und das Zitat im überlieferten Text der Sanatkumārasaṃhitā zu fehlen scheint, sind die betreffenden Formulierungen zu begrifflich-scholastisch und zu spezifisch für Bhāskara, als daß der Hinweis des Herausgebers überzeugend wäre.

Brahma gemeint sein kann, der dem Brahma nicht im Zustand der Wirkung allein zukommen könnte. Viel eher scheint mit diesem Begriff das Ich-Prinzip eines psychischen Apparates (*ahaṃkāraḥ*) gemeint zu sein, der dem betreffenden Teil des Eigenwesens des Brahma eine Individualität verleiht, so daß man an Yādavaprakāśas Lehre von jener Teil-Konkretisierung des Brahma, dem *bhoktraṃśaḥ* des Brahma denkt, die zufolge eines eigenen *ahaṃkāraḥ* zu einer individuellen Seele wird.[246] Wenn dies richtig ist, müßte man annehmen, daß die hier referierte Lehre die Göttin als eine bevorzugte Seele verstanden und in Yādavaprakāśas Lehre von den drei Teilen (*aṃśāḥ*) des Brahma einbezogen hat, so daß die Göttin nicht als mit dem als „Lenker" (*niyantā*) gedachten Teil des Brahma, also mit Gott, gleichen Wesens gedacht sein kann. Leider fehlt sowohl für Bhāskara als auch für Yādavaprakāśa ein entsprechendes textliches Zeugnis ihrer Lehre von der Göttin, so daß die hier von Veṅkaṭanātha besprochenen Lehren nicht näher ausgewiesen werden können. Doch belegt Veṅkaṭanāthas kurze Doxographie jedenfalls, daß beide Lehrer oder deren Anhänger auch die Göttin in die grundlegende Lehre vom Brahma einbezogen haben und so auch außerhalb der Rāmānuja-Schule und vermutlich bereits vor Rāmānuja in viṣṇuitischen Vedāntakreisen eine Lehre von der Göttin entwickelt wurde.

Im Anschluß an die Zurückweisung dieser beiden Lehren scheint Veṅkaṭanātha eine Variante der mit einer zusätzlichen Bedingung (*upādhiḥ*) arbeitenden Lehre von der Göttin zurückzuweisen, die die Auffassung vertreten haben muß, daß die Göttin ein Teil des Eigenwesens des Brahma sei, der zufolge einer solchen zusätzlichen Bedingung vom Brahma unterschieden ist (vgl. *upāhitāṃśabhedapakṣaḥ*), ohne Substrat einer eigenständigen Ahaṃtā zu sein, vielleicht eine Variante der Lehre Bhāskaras.[247] Auffallend ist, daß Veṅkaṭanātha diese Lehre durch eine rein begrifflich- philosophische Argumentation zurückweist, die zeigen soll, daß diese Lehre letztlich dazu führt, den Ātmā aufzugeben: „Die These aber, daß

---

[246] Vgl. OBERHAMMER: Materialien III, pp. 46ff.

[247] Es kann sich jedoch kaum um die Lehre Bhāskaras selbst gehandelt haben, weil dieser Körper usw. als solche zusätzliche Bedingungen gelehrt hat, was bei der vorliegenden Lehre nicht der Fall gewesen sein kann, da diese mit jener, die Körper usw. als zusätzliche Bedingungen gelehrt hat, auf gleiche Stufe gestellt wird.

der Unterschied (*bhedaḥ*) auf einem durch eine zusätzliche Bedingung [gegebenen] Teil [beruht] (*upahitāṃśa-*), läuft auf eine zusätzliche Bedingung wie Körper usw. hinaus, weil beim teillosen Eigenwesen des Brahma (*brahmasvarūpe*) nicht ein Teil [dieses Wesens] durch eine zusätzliche Bedingung, wie beispielsweise im Falle des Meerwassers ein Topf, anderswohin gebracht werden kann. Weil es aber, wenn entsprechend dem Prinzip des Topf-Äthers der jeweils frühere durch eine zusätzliche Bedingung [gegebene] Teil aufgegeben wird, unmöglich ist, eine Verbindung des jeweils späteren zufolge einer zusätzlichen Bedingung [gegebenen] Teiles mit dem durch den jeweils früheren zufolge einer zusätzlichen Bedingung [gegebenen] Teil gemachten Genuß (*pūrvapūrvāṃśānubhūtabhoga-*) herzustellen, da ein genießendes Subjekt (*bhoktuḥ*), das die Form des jeweiligen Teiles besäße, fehlt, ist [diese These] völlig unmöglich, tritt doch, sofern diese Verbindung nur in der [Identität einer] einzigen Reihe von [nacheinander folgenden Momenten] eines genießenden Subjektes [hergestellt] wird, dadurch, daß eine bleibende [ewige] Seele aufgegeben ist (*sthirātmaparityagaprasaṅgāt*), die Lehre der Buddhisten ein."[248]

Hatte Veṅkaṭanātha die Lehre Bhāskaras und Yādavaprakāśas (?)[249] logisch konsequent mit dem Hinweis widerlegt, daß eine Umwandlung des Eigenwesens des Brahma in den Brahmasūtren zurückgewiesen sei, so argumentierte er gegen die vorliegende Lehre mit der Teillosigkeit des Brahma (vgl. *niravayave brahmasvarūpe*). Damit hatte er die Voraussetzung für seine Argumentation geschaffen, daß die vorliegende Lehre in letzter Konsequenz einen überdauernden Ātmā leugnet und so dem buddhistischen Denkmodell gleichkomme. Denn, wenn das Brahma seinem Eigenwesen nach notwendig ohne Teile ist, kann durch keine zusätzliche Bedin-

---

[248] CŚBh p. 5, 7-10. Skt-Text siehe Anm. 238.

[249] Beide haben eine solche Umwandlung des Brahma gelehrt. Vgl. Bhāskara, BhBrSūBh p. 85, 10-13: *kathaṃ punar ātmanaḥ karaṇaṃ sambhavatīty āha. pariṇāmād iti. paramātmā svayam ātmānaṃ kāryatvena pariṇamayāmāsetyarthaḥ. śaktivikṣepaṃ kṛtavān. anantā hi tasya śaktayo 'cintyāś ca.* S. auch BhBrSūBh p. 105, 10-13: *asmābhir uktam śaktiviśeṣalakṣaṇaḥ pariṇāma itīśvarasya dve śaktī bhavato bhogyaśaktir ekā bhoktṛśaktiś cāparāpi* (conj. *i* : *ya*) *bhogyaśaktiś ca sākāśādirūpeṇācetanapariṇāmāpatter bhoktṛśaktiḥ sā cetanā jīvarūpeṇāvatiṣṭhate.* Für Yādavaprakāśa vgl. OBERHAMMER, Materialien III, pp. 10ff.

gung eine vereinzelte Absonderung eines Teiles dieses Eigenwesens eintreten, der genießendes Subjekt des sich durch die jeweilige zusätzliche Bedingung ergebenden Zustandes sein könnte. Vielmehr tritt an die Stelle eines solchen erfahrenden Subjektes lediglich die Identität einer sukzessiven Abfolge von subjektiven Erfahrungsmomenten, so daß bei dieser Lehre ein sich durchhaltender Ātmā (*sthirātmā*) tatsächlich aufgegeben werden würde.

Eine Variante dieser Lehre scheint Veṅkaṭanātha unmittelbar anschließend zurückzuweisen, die möglicherweise ebenfalls im traditionellen Vaiṣṇava-Milieu entwickelt worden ist. Denn der Hinweis auf die Umwandlung des Gottes in Form der Avatāras (*avatāraparināma-*) bezieht sich offenbar auf die Erzählungen von den verschiedenen anthropomorphen Avatāras in den Purāṇen.[250] Veṅkaṭanātha deutet diese Lehre leider nur mit wenigen Worten an: „Und jene, die einen durch die Umwandlung in Form von Avatāras als *upādhiḥ* unterschiedenen Teil [des Erhabenen als Göttin] lehren, sind durch autoritative Aussagen über einen ewigen Körper der Lakṣmī usw. zurückgewiesen."[251]

Wie die hier referierte und zurückgewiesene Lehre von der Göttin zu denken ist, läßt sich nur mit einiger Wahrscheinlichkeit erschließen. Sie scheint jedenfalls die Beziehung der Göttin zu dem Gott als Unterschiedensein und auch Nichtunterschiedensein bestimmt zu haben. Denn abgesehen vom Kontext[252] ist Veṅkaṭanāthas Bemerkung im Rahmen seiner Widerlegung, daß die Aussagen der Bhagavadgītā und des Viṣṇupurāṇam[253] im Sinne eines *bhedaḥ* zu verstehen seien, nur sinnvoll, wenn die zurückgewiesene Lehre einen solchen in Frage gestellt hat; und wenn im Referat dieser Lehre gerade von einem *upādhi*-bedingten *bhinnāṃśaḥ* die Rede ist, kann dies nur im Sinne eines *bhedābhedaḥ* gemeint sein, worauf auch der Begriff des Teiles (*aṃśaḥ*) hinweist. Wie ist aber der *ava-*

[250] Wenn sie im Kontext des Pāñcarātra entstanden wäre, müßte eher von Vyūhas, Vyūhāntaras und Vibhavas die Rede sein.

[251] CŚBh p. 5, 11f. Text siehe Anm. 238.

[252] Es ist sowohl vor dieser Doxographie als auch nachher von einem solchen *bhedābhedavādaḥ* die Rede. Vgl. CŚBh p. 5, 21 und die zuvor referierte Lehre.

[253] Vgl. CŚBh p. 5, 12ff.

tārapariṇāmaḥ zu verstehen, welcher als Bedingung des Teil-Unterschiedenseins der Göttin erwähnt ist?

Eine Doxographie Veṅkaṭanāthas in seiner Darstellung der Lehre von der Göttin im Nyāyasiddhāñjanam scheint hier Aufschluß zu geben: „Die Lehren aber vom Unterschied [zufolge] des Zustandes (*avasthābhedaḥ*) wie im Falle der Vyūhas haben den Avatāra zum Gegenstand, weil auch dieser zufolge dessen, daß alles den Erhabenen zum Ātmā hat, wenn er durch eigenen Wunsch oder den Wunsch des Höchsten den Zustand der Wirkung erlangt hat, ein [anderer,] unterschiedener Zustand des Erhabenen ist."[254] Śrīraṅgarāmānuja kommentiert: „Nachdem er erwogen hat, wie in den Śāstren des Erhabenen die Rede [möglich ist], daß [die Göttin] eine Umwandlung des Erhabenen ist (*bhagavatpariṇāmoktiḥ*), wenn Lakṣmī von Gott unterschieden ist und deren Körper ewig ist, sagt [Veṅkaṭanātha] *vyūhavat* [und] *avatārādi-*; diese [Rede] bezieht sich auf den Avatāra [der Göttin] als Sītā usw., die durch Aussagen wie *rāghavatve 'bhavat sītā rukmiṇī kṛṣṇajanmani* erkannt sind. So verhält es sich. *svecchayā* [hat] den Sinn: durch den Willen der Lakṣmī. *parecchayā* meint: durch den Willen des Erhabenen. *bhagavadavasthābhedatvād* meint: weil auch Lakṣmī, sofern [sie] den Erhabenen zum Selbst hat, dessen Zustand ist."[255]

Dieser Text Veṅkaṭanāthas und seine Kommentierung durch Śrīraṅgarāmānuja scheinen eine ähnliche Lehre zu betreffen wie jene, die im Catuḥślokībhāṣyam von Veṅkaṭanātha zurückgewiesen wurde, und könnte so zum Verständnis der Lehre vom *avatārapariṇāmopādhibhedaḥ* der Göttin beitragen. Auffallend ist, daß Veṅkaṭanātha die Lehre im Nyāyasiddhāñjanam zu rechtfertigen sucht, während er jene im Kommentar zur Catuḥślokī zurückweist. Auch scheinen sich die Referate dieser beiden Lehren insofern zu unter-

---

[254] NySiddh p. 233, 24f.: *vyūhavadavasthābhedavādās tv avatāraviṣayāḥ. sarvasya bhagavadātmakatvena tasya svecchayā parecchayā vā kāryadaśāpannasyāpi bhagavadavasthābhedatvāt.*

[255] NySiddhV p. 363, 11-15: *nanu lakṣmyā īśvarād bhinnatve tadvigrahasya nityatve ca sati bhagavacchāstreṣu bhagavatpariṇāmatvoktiḥ katham ity āśaṅkyāha vyūhavad iti. avatārādīti. rāghavatve 'bhavat sītā rukmiṇī kṛṣṇajanmanītyādivākyapratipannasītādyavatāraviṣayā ityarthaḥ. tasyeti. lakṣmyavatārasyetyarthaḥ. svecchayeti. lakṣmīcchayetyarthaḥ. paricchayeti. bhagavadicchayetyarthaḥ. bhagavadavasthābhedatvād iti. lakṣmyā api bhagavadātmakatayā tadavasthātvād iti bhāvaḥ.*

scheiden, als der *avatāraparināmaḥ* im Catuḥślokībhāṣyam als zusätzliche Bedingung (*upādhiḥ*) bezeichnet wird, während im Nyāyasiddhāñjanam davon nicht die Rede zu sein scheint. Auch wird in diesem ein Zustand (*avasthā*) des Erhabenen ebensowenig erwähnt wie der Vergleich mit den Vyūhas (vgl. *vyūhavat*). Falls diese Beobachtungen stichhaltig sind, scheint der Schluß berechtigt, daß die im Catuḥślokībhāṣyam zurückgewiesene Lehre von der Göttin traditionellem viṣṇuitischen Denken entspringt und Bhāskaras Lehre (scil. *aupādhikabhedābhedavādaḥ*) im Sinne eines evolutionistischen Denkmodelles versteht, um die eigenständige Wirklichkeit der Göttin begrifflich zu klären, während die im Nyāyasiddhāñjanam referierte Lehre ihrerseits, bei aller Ähnlichkeit, mit dem Grundgedanken rāmānujeischer Theologie, der Beziehung von Gott und dem anderen Seienden als Beziehung von Körper und Ātmā arbeitet. Anders läßt sich der Gedanke, daß alles den Erhabenen zum Selbst hat (vgl. *bhagavadātmakatvena*), und die Begründung „weil alles, wenn es den Zustand der Wirkung erlangt hat, ein unterschiedener Zustand des Erhabenen ist" (vgl. *sarvasya ... kāryadaśāpannasyāpi bhagavadavasthābhedatvāt*) wohl nicht verstehen.

Die tragende Grundvorstellung von der Umwandlung in Form des Avatāra (*avatārapariṇāmaḥ*) scheint jedoch beiden Lehren gemeinsam zu sein, so daß man annehmen könnte, daß die hier im Catuḥślokībhāṣyam zurückgewiesene Lehre den *avatārapariṇāmaḥ* als evolutionistisches Entstehen der körperlichen Individualität der Göttin in Verbindung mit der jeweiligen anthropomorphen „Herabkunft" des Gottes verstanden hat und diese als zusätzliche Bedingung (*upādhiḥ*) für das Sein der Göttin im Sinne Bhāskaras gedeutet hat, durch die die Göttin als Seele vom Brahma nicht unterschieden (*abhedaḥ*) und dennoch *upādhi*-bedingt zu einem von diesem unterschiedenen „eigenständigen" Seienden wird.[256]

Wenn man der Darstellung dieser Lehre durch Veṅkaṭanātha glaubt, dürfte der Vertreter dieser Lehre zu ihren Gunsten zwei Argumente vorgebracht haben, die Veṅkaṭanātha als Einwände gegen seine Zurückweisung erwähnt und zurückweist: Einerseits, daß, falls man annimmt, daß die Göttin vom Gott unterschieden ist, fol-

[256] Als solches würde die Göttin dann einen zeitlich bedingten Körper besitzen, so daß Veṅkaṭanātha logisch zu Recht entgegnet, daß für die Göttin ein ewiger Körper geoffenbart ist. Vgl. CŚBh p. 5, 11.

gen würde, daß sie dem Karma unterworfen wäre,[257] andererseits, daß das Mythologem vom Körper Gottes, der zur Hälfte der Körper der Göttin ist (*ardhalakṣmīkavigrahaḥ*), andeute, daß beide ein und dasselbe Eigenwesen haben beziehungsweise der Bhedābhedavādaḥ zu Recht bestehe.[258]

(4) „Jene, die keine Unterschiedenheit des Ātmā (*ātmabhedam*) annehmen, sind im [Śrī]bhāṣyam usw. widerlegt. Hier aber ist das gegenseitige Unterschiedensein der [beiden] himmlischen Gatten nachgewiesen. Die Rede aber von der Identität Lakṣmīs [und] Nārāyaṇas derer, von denen ein Unterschieden- und gleichzeitig ein Nichtunterschiedensein aller Seelen angenommen wird, wird von Rechtschaffenen nicht [weiter] beachtet. Wenn aber irgendwo in einer autoritativen Aussage (*āptavacane*) vom Ununterschiedensein [der beiden] die Rede ist, soll diese dort ebenso [verstanden werden] wie [die Aussage:] *rāmasugrīvayor aikyam*[259]."[260]

Mit diesen zusammenfassenden Versen schließt Veṅkaṭanātha die Zurückweisung der von ihm bisher besprochenen Lehren von der Göttin ab, die alle aus viṣṇuitisch-orthodoxer Tradition zu stammen scheinen, bevor er zur Besprechung einer advaitischen Lehre von der Göttin übergeht, die, anders als jene, der Göttin kein Sein in einem letzten Sinne zuspricht.

(5) „Hier ist auch die These, daß die dem Blick entziehende Māyā, die [ontologisch] falsch ist [und] das Eigenwesen des bestimmungslosen, rein geistigen Brahma verhüllt, indem dieses [so] mit einer besonderen, vorgestellten Form verbunden ist, Lakṣmī genannt wird, zurückgewiesen, weil ein derartiges Brahma und dessen

---

[257] Vgl. CŚBh p. 5, 15: *tarhy agryaprāyanyāyāt sahapaṭhitanāryantaravat karmavaśyatvaṃ syāt.*

[258] CŚBh p. 5, 21-26: *nanv ardhalakṣmīkavigrahayogaḥ śrīpateḥ śrīyaś ca vigrahaikyaṃ svarūpaikyaṃ bhedābhedaṃ vā sūcayati ... tathāpy ekenaiva paramātmanā yathā kathañcid sarvanirvāhe kim atrātmabhedasvīkāreṇeti cet.*

[259] Rāmāyaṇa 5, 33, 49a.

[260] CŚBh p. 6, 5-10: *ātmabhedam anicchanto bhāṣyādiṣu nirākṛtaḥ / divyayos tv iha dampatyoḥ mitho bhedaḥ prasādhitaḥ // 2 sarveṣām ātmanāṃ yais tu bhinnābhinnatvam iṣyate / lakṣmīnārāyaṇaikyoktiḥ teṣāṃ, sadbhir upekṣyate // 3 yatra kvacid abhedoktir yady āptavacane bhavet / rāmasugrīvayor aikyam ityādivad ihāstu sā* // 4.

Verhüllung usw. widerlegt ist. Auch das ist hier[261] durch die Lehre, daß die Māyā die Welt [und Wesen] außer der gepriesenen Lakṣmī verblendet, zur Kenntnis gebracht.

[Einwand:] In der Welt wird [doch] beobachtet, daß ein Vorhang (*yavanikā*) durch das Behindern der Sicht (*dṛṣṭiprasaranirodhena*) eines außerhalb und eines innerhalb [von ihm] Befindlichen das sich gegenseitig Sehen verhindert. Daher dürfte der 'Vorhang' (*yavanikā*) auch für die Śrī so sein. [Antwort:] So darf man nicht [sagen], weil diese [Göttin] in ihrer alles [erfassenden], aus ihrem Wesen kommenden Erkenntnis (*dṛṣṭiḥ*) durch die Māyā nicht behindert ist, deren jegliches Wirken (*sarvavyāpārā*) von ihr abhängt; ist doch die Verengung der Erkenntnis der Seelen durch die Māyā des Erhabenen durch schlechte Werke bedingt und fehlt im Falle der ewig Emanzipierten und Gottes, die nicht dem Karma unterworfen sind, eine solche Konsequenz.

Dann soll eben [auch im Falle der Göttin] auf Grund der Gleichheit [aller] dem Karma Unterworfenen eine Verbindung mit der Frucht des Karma gegeben sein. Zunächst ist [jedenfalls] das dem Karma Unterworfensein des [Gottes] Brahmā usw. zufolge [der Aussage]: *yugakoṭisahasrāṇi viṣṇum ārādhya padmabhūḥ / punas trailokyadhātṛtvaṃ prāptavān iti śuśruma //*[262] allbekannt, um so mehr [das] ihrer Gattinnen. Im Besonderen wird die Gleichheit der [Göttin] mit diesen da und dort durch die [grammatische] Kongruenz deutlich. Und in den Gāyatrī-Vorschriften (*gāyatrīkalpeṣu*) wird mit Bezug auf die drei Sandhyās die dreifache Form, die nach Farbe, Vāhana usw. unterschieden ist, eben dieser einen Gottheit dargelegt. Auch wird von jemandem in einem Lobpreis der Lakṣmī gesagt: *gīrdevatā* [und] *garuḍadhvajavallabhā* usw.[263], daher ist es aufgrund der Gleichheit mit den dem Karma unterworfenen [Gattinnen der Götter] möglich, daß die Erkenntnis dieser [Göttin] durch die Māyā, die einen 'Vorhang' darstellt, beeinträchtigt ist. – [Antwort:] Dies ist unrichtig, weil vor allem die [grammatische] Kon-

---

[261] Nämlich in Catuḥślokī 1, wenn Yāmuna sagt: *te ... yāvanikā māyā jaganmohinī.*

[262] Itihāsasamuccayaḥ 13, 8 (Zitat nach CŚBh p. 6, 18f.): „Wir haben vernommen, daß der Lotusentstandene, nachdem er Viṣṇu während tausend und abertausenden von Yugas verehrt hat, Schöpfer der Dreiwelten geworden ist."

[263] Kanakadhārāstotram 10.

gruenz mit Hilfe des [mit den Worten] *yad yad vibhūtimat sattvam*[264] ausgedrückten Prinzips des Vibhūti-Adhyāya zu [ihrer] Erfüllung kommt (*nirvāhāt*). In der Tāpanīyopaniṣad[265] und im Dhṛtasūktam[266] sind die jeweiligen Ausdrücke für die Lakṣmī durch [ihre] spezifische Etymologie oder in Verbindung mit der jeweiligen Vibhūtiḥ abzuleiten. Die wahre Bedeutung (*tātparyam*) der Gāyatrī-Vorschriften ist an der jeweiligen Stelle im Sinne der Erwähnung der Größe und Majestät (*mahātmyavacanam*) der unter dem Aspekt der Gāyatrī zur Vibhūtiḥ der [Göttin] Lakṣmī gewordenen Gottheit kraft des je nach der Sandhyā Aufnehmens der Namen Vaiṣṇavī usw. [sowie] diesen entsprechender Vāhanas, Gestalten usw. deutlich; und die derartigen Vāhanas usw. sind [jeweils] andere. Nicht nämlich ergibt sich [ihre] Feststellung: diese eben sind jene, nur aufgrund der Ähnlichkeit, weil man für viele [Gottheiten] Vāhanas der gleichen Art usw. beobachtet."[267]

---

[264] BhG 10, 41.

[265] S. CŚBh pp. 6f., Anm. 2 des Herausgebers.

[266] S. *ibid.*

[267] CŚBh pp. 6, 11 – 7, 4: *atra nirviśeṣacinmātrabrahmasvarūpatirodhānakarī mithyābhūtā māyaiva kalpitarūpaviśeṣopaśliṣṭabrahmapraticchadavatī lakṣmīr ity ucyata iti pakṣo 'pi tādṛśabrahmatattirodhānādinirāsād eva nirdhūtaḥ. idam apy atra māyāyāḥ prastutadampativyatiriktajaganmohanatvoktyā prakhyāpitam. nanu yavanikā bahirantassthitayoḥ dṛṣṭiprasaranirodhena mitho 'valokanavirodhinī loke dṛṣṭā. ataḥ śriyo 'pi yavanikā tathā syāt. maivaṃ tadadhīnasarvavyāpārayā māyayā tasyāḥ sarvaviṣayasahajadṛṣṭinirodhāyogāt. kṣetrajñānam api bhagavan māyayā dhīsaṅkocasya duṣkṛtopādhikatvāt akarmavaśyeṣu nityamukteśvareṣu tatprasaṅgābhāvād iti. astu tarhi karmavaśyatādātmyāt karmaphalānvayo brahmādīnāṃ karmavaśyatvaṃ tāvat yugakoṭisahasrāṇi viṣṇum ārādhya padmabhūḥ / punas trailokyadhātṛtvaṃ prāptavān iti śuśruma // ityādibhiḥ prasiddham. kiṃ punas tatpatnīnām. tābhiś ca tādātmyam asyās tatra tatra viśeṣatas tattatsāmānādhikaraṇyena vyajyate. gāyatrīkalpeṣu ca sandhyātraye varṇavāhanādiviśeṣitaṃ rūpatrayam ekasyā eva devatāyāḥ pratipādyate. uktaṃ ca kaiścil lakṣmīstotre gīrdevateti garuḍadhvajavallabhetītyādibhiḥ. ataḥ karmavaśyatādātmyād yavanikārūpitamāyātirohitajñānatvam asyā upapadyata iti. tad asat. viśeṣataḥ sāmānādhikaraṇyasya yad yad vibhūtimat saṭṭvam ity uktena vibhūtyadhyāyanyāyena nirvāhāt. tāpanīyopaniṣadi ghṛtasūkte ca lakṣmyās te te śabdā api niruktiviśeṣais tattadvibhūtiyogena vā netavyāḥ. gāyatrīkalpānāṃ tu lakṣmīvibhūtibhūtāyā eva gāyatryākhyāyāḥ devatāyāḥ sandhyābhedena vaiṣṇavyādisamākhyānuguṇavāhanarūpādiparigrahaśaktyā māhātmyavarṇane tātparyaṃ tatra tatra vyaktam. tādṛśāś ca vāhanādayo 'nye syuḥ. na hi sārūpyamātreṇa ta evaita iti niścayo 'nekeṣām ekajātīyavāhanādidarśanāt.*

Der vorliegende Text versteht die Göttin in seinem ersten Argument (CŚBh 6, 11f.), das Veṅkaṭanātha zurückweist, als jenes quasi-ontologische Prinzip, welches Urgrund des das Eigenwesen des Brahma verhüllenden Nichtwissens[268] ist und dem auch selbst kein Sein im eigentlichen Sinne zukommt.[269] Der Hinweis auf die die Natur des Brahma verhüllende Kraft der Māyā zeigt, daß die hier von Veṅkaṭanātha zurückgewiesene advaitische Lehre wohl nach Prakāśātmā anzusetzen ist.

Auffallend ist, daß er im Anschluß an die Zurückweisung dieser Auffassung von der Göttin ein gegnerisches Argument aufgreift, das vermutlich ebenfalls aus advaitischer Sicht vorgetragen wird, das mit dem ersten Argument nicht völlig übereinstimmt, indem er die Göttin selbst zu einem der Māyā unterworfenen Wesen macht, das jedoch auch nicht wirklich von dieser unterschieden zu sein braucht. Denn auch die Māyā selbst ist letztlich nur dadurch möglich, daß die wahre Natur des Brahma verhüllt ist. Das Argument kommt dadurch in Gang, daß der Gegner die Worte Yāmunamunis in CŚ 1 *yāvanikā māyā jagadmohinī* offenbar auch auf die Göttin selbst bezieht[270] und so auch diese als ein durch die Māyā bewirktes Phänomen im Bewußtsein des Brahma zu verstehen scheint.

Es stellt sich daher die Frage, ob auch dieses Argument der von Veṅkaṭanātha bekämpften Quelle angehört hat, oder von Veṅkaṭanātha nur in diesem Zusammenhang anläßlich der Kommentierung der Worte aus der Catuḥślokī vorgebracht und zurückgewiesen wurde. Tatsächlich gewinnt man den Eindruck, daß die Stilisierung des ganzen Abschnittes (5) von Veṅkaṭanātha selbst unter Verwendung advaitischer Gedanken vorgenommen wurde; dennoch ist festzuhalten, daß der zurückgewiesene Gedankengang advaitischem Denken entstammt und auch logisch konsequent an die Position des ersten Argumentes anschließt und es daher nicht auszuschließen ist, daß dieser tatsächlich der gleichen Quelle angehört und einen Bezug auf Yāmunamunis CŚBh 1 enthält, wenn gesagt ist: „In der Welt wird [doch] beobachtet, daß ein Vorhang durch das Behindern der Sicht eines außerhalb und eines innerhalb [von ihm] Befindli-

[268] Vgl. CŚBh p. 6, 11f.: *tirodhānakarī* bzw. *brahmapraticchadanavatī.*

[269] Vgl. CŚBh p. 6, 11: *mithyābhūtā māyā.*

[270] Vgl. CŚBh p. 6, 15: *ataḥ śriyo 'pi tathā syāt.*

chen das sich gegenseitig Sehen verhindert. Daher dürfte der 'Vorhang' [der *māyā*] auch für die Śrī so sein."[271] Indem er nämlich die Vorstellung Yāmunamunis von der *māyā* als „Vorhang", der die Welt behindert, zur wahren Erkenntnis zu gelangen (*jaganmohinī*), im Sinne der advaitischen *māyā* versteht, welche das Eigenwesen des Brahma verdeckt, kann er die Göttin als Phänomen der *māyā* verstehen, in welchem das Eigenwesen des Brahma durch die verhüllende Kraft (*tirodhanam*) der *māyā* verdeckt ist, dem aber keine Eigenwirklichkeit entspricht, während die Schultradition Yāmunamunis Ausdruck *yāvanikā māyā jaganmohinī* als Hinweis auf die Urmaterie und ihre Modifikationen verstanden hat, durch die verblendet die Wesen den zu genießenden Objekten verfallen sind.[272]

Dieses advaitische Verständnis der Göttin wird in Veṅkaṭanāthas Auseinandersetzung mit dieser Lehre ergänzt, durch die Auffassung der Göttin als dem Karma unterworfen wie auch die anderen Gottheiten wie Brahmā usw.: „Soll dann [der Göttin] aufgrund [ihrer] Gleichheit mit den [anderen] dem Karma unterworfenen [Wesen] eine Verbindung mit der Frucht der Werke zukommen. Zunächst ist aufgrund der Aussagen: 'Nachdem er durch tausend und abertausend Yugas Viṣṇu verehrt hat, erlangte der Lotus-Geborene (= Brahmā) die [Position] eines Schöpfers der drei Welten. [So] haben wir gehört', allbekannt, daß die [Götter] Brahmā usw. dem Karma unterworfen sind; umso mehr die Gattinnen dieser. Im besonderen wird die Gleichheit der [Göttin] mit diesen da und dort durch die [grammatische] Kongruenz deutlich. Auch wird in den Gayatrī-Vorschriften hinsichtlich der drei Sandhyās eine nach Farbe, Vāhana usw. unterschiedene dreifache Form eben dieser einen Gottheit dargelegt; auch wird von jemandem in einem Lobpreis der Lakṣmī gesagt: 'als Berggöttin, als Schöne mit dem Zeichen des

---

[271] CŚBh p. 6, 14f.

[272] Vgl. Śaraṇāgatigadyam 12: „Bewirke [Du], daß ich, der [ich mich Dir] mit den Worten zuwende: 'Dein Diener bin ich, der seine Zuflucht [zu Dir] nimmt', die schicksalhafte, guṇahafte *māyā* überwinde, die wegen meines anfanglosen Karmas tätig ist, das Eigenwesen der Erhabenen verdeckt, falsche Erkenntnis bewirkt, das zu genießende Erkennen mit seinen Objekten hervorbringt [und] als Körper, Sinnesorgane und [im Zustand der Ursache] in feiner Form besteht." (ŚarG p. 165, 25-28: *madīyānādikarmapravāhapravṛttāṃ bhagavatsvarūpatirodhānakarīṃ viparītajñānajananīṃ svaviṣayāyāś ca bhogyabuddher jananīṃ dehendriyatvena bhogyatvena sūkṣmarūpeṇa ca avasthitāṃ daivīṃ guṇamayīṃ māyāṃ dāsabhūtaḥ śaraṇagato 'smi tavāsmi dāsa iti vaktāraṃ māṃ tāraya.*)

Garuḍa' usw., daher ist für sie aufgrund der Gleichheit mit den dem Karma unterworfenen [Wesen] eine Erkenntnis möglich, die durch die als Vorhang vorgestellte Māyā verhüllt ist."[273]

Um diese Argumentation nachvollziehen zu können, bedarf wenigstens der Hinweis auf die drei Sandhyās einer kurzen Erklärung. In der Vorschrift bezüglich der im Verehrungsritual der Sandhyā zu verehrenden Gottheit wird jeweils eine andere Göttin genannt, die vom Einwand als eine jeweils andere Form der Göttin verstanden wird.[274]

Eine ähnliche Vorstellung scheint auch dem Zitat aus dem Śaṅkara zugeschriebenen Kanakadhārāstotram zugrundezuliegen, das im vollen Wortlaut folgendermaßen lautet: „Verehrung ihr, die beim [göttlichen] Spiel von Schöpfung, Erhaltung und Vernichtung [der Welt] als Göttin des Berges (= Parvatī), als herrlich Schöne mit dem Zeichen des Garuḍa (= Lakṣmī), als Śākambharī (= Dūrgā) und als Geliebte des Śaśiśekhara (= Śiva) ins Dasein kommt, sie, die die jugendliche Gattin des einen Lehrers der drei Welten ist."[275] Wenn diese Interpretation richtig ist, dann scheint die hier von Veṅkaṭanātha diskutierte advaitische Lehre von der Göttin, diese als ein dem Karma unterworfenes im Wesenskreislauf befindliches göttliches Wesen verstanden zu haben, das dank seiner Verdienste unter anderen die Existenzform der Göttin Lakṣmī angenommen hat, ähnlich wie der Gott Brahmā dank seiner Verehrung Viṣṇus zum Schöpfer usw. der Welt würde, das aber als solches in einem letzten Sinne nicht real ist. Dank des das Eigenwesen des Brahma verhüllenden, ontologisch irrealen Prinzips der *māyā* hat die Göttin vielmehr nur eine Phänomen-Existenz, die dadurch zustande kommt, daß das Brahma, wenn es mit einer *māyā*-haften Vorstellungsform von der Göttin vermengt ist, in seiner advaitischen Wirklichkeit verhüllt ist und diese Vorstellungsform so in dem durch sie gebrochenen Bewußtseinslicht des Brahma Bewußtheit und Phänomen-Existenz erlangt.

---

[273] CŚBh p. 6, 18-23.

[274] Veṅkaṭanātha seinerseits wird diese als eine bei den Sandhyās zu verehrende jeweils andere Vibhūti der Lakṣmī erklären. Vgl. CŚBh p. 7,1f.

[275] KaSt 10: *gīrdevateti garuḍadhvajasundareti śākambharīti śaśiśekharavallabheti / sṛṣṭisthitipralayakeliṣu saṃsthitayai tasyai namas tribhuvanaikaguros taruṇyai //*

(6) (a) „Aufgrund des Irrtums einiger, daß es sich im Falle des Druhiṇa usw. um eine Erscheinungsform des Gottes handle, gibt es die Lehre, daß es sich auch im Falle ihrer Gattinnen um einen Teil der Lakṣmī handelt; [diese Lehre] ist aufgrund der Śruti nicht möglich. In eben diesem Sinne ist nämlich hier gesagt: *sadayitas tvaddāsadāsīgaṇaḥ*."[276]

Der Vers ist leider zu knapp, als daß man die in ihm angedeutete Lehre eindeutig fassen könnte. Wenn die Parallelität der Aussage über die Götter und die über ihre Gattinnen genau genommen werden darf, läßt sich jedenfalls sagen, daß der Begriff „Erscheinungsform" (*vyakti*) im Kompositum *īśvaravyaktitā* im Sinne von „Teilkonkretisierung" (*aṃśaḥ*) zu verstehen ist. Damit würde die zugrunde liegende Vorstellung die sein, daß, so wie die Götter Druhiṇa usw.[277] Teilkonkretisierungen des Gottes sind, deren Gattinnen Teilkonkretisierungen der Göttin Lakṣmī sind und so sich das eheliche Verhältnis von Gott und Göttin auf der Ebene ihrer Teilkonkretisierungen wiederholt. Auffallend ist, daß dabei nicht an die Konkretisierungen des höchsten Gottes in Form der Vyūhas wie im Pāñcarātra gedacht ist, sondern an die Götter orthodoxer Mythologie, sodaß man eher an eine an den Purāṇen orientierte Lehre denken müßte. Wenn Veṅkaṭanātha schließlich die Worte Yāmunamunis aus Catuḥślokī 1 *sadayitas tvaddāsadāsīgaṇaḥ* als gegen diese Lehre gerichtet versteht, dann dürfte diese Lehre das Hervorgehen der Götter und deren Gattinen aus dem ursprünglichen Götterpaar durch einen evolutionistischen Prozess erklärt haben, sodaß verständlich wäre, daß der Gedanke, daß die Götter und Göttinnen Diener und Dienerinnen der Göttin sind, im Gegensatz zu der im Vers angedeuteten Lehre stehen würde. Mehr läßt sich über diese Lehre aufgrund des Verses von Veṅkaṭanātha nicht sagen. Denn der im Anschluß an diesen Vers zurückgewiesene Einwand gegen das *śeṣitvam* der Göttin ist wohl nicht mit der im Vers enthaltenen Lehre zu verbinden, sondern im Zusammenhang mit der Kommentierung der in Śl. 1 vorkommenden Worte Yāmunamunis zu sehen.

---

[276] CŚBh 7, 5-7: *druhiṇādiṣu keṣāṃcid īśvaravyaktitābhramāt / tatpatnīṣv api lakṣmyaṃśavādaḥ śrutyādibādhitaḥ // etadabhiprāyeṇa hy atroktam sadayitas tvaddāsadāsīgaṇa iti.*

[277] Mit *druhiṇaḥ* ist wohl der Gott Brahmā gemeint, werden doch Yāmunamunis Worte *brahmeśādisuragaṇaḥ sadayitas tvaddāsadāsīgaṇaḥ* kommentiert, die als Zurückweisung der im Vers genannten Lehre gedeutet werden.

(6) (b) „Soll es so sein. Dennoch dürfte sich das Versehensein der Śrī mit der Vibhūtiḥ nur unter dem Gesichtspunkt [ergeben], daß es sich um den weiblichen Teil [des Gottes] handelt, da [dies] im Brahma-, Viṣṇu- u.a. Purāṇas so gesehen wird. Daher ist nur Er, dem die Śrī zugehört, *śeṣī* aller Vibhūtis. – Dazu sagen wir: Durch die Aussage [der *Ahirbudhnya S.] *dāsabhūtāḥ svataḥ sarve hy ātmānaḥ paramātmanaḥ* usw. ist aufgrund der Regel *jāyāpatyor na vibhāgaḥ*[278] unvermeidbar, daß die Diener des Gatten [auch] Diener der Gattin sind. – [Einwand:] Insofern als auch die Gattin Dienerin des Gatten ist, dürfte es nicht richtig sein, daß die Diener des Gatten ihr gegenüber Diener sind. [Antwort:] Dies ist nicht [so], weil nirgends, weder in der Welt noch im Veda, ein Dienersein der Gattin gegenüber dem Gatten besteht. Eben deshalb wird nämlich [im Rāmāyana] die Aussage *yadā yadā hi kauśalyā dāsīva ca sakhīva ca* im Sinne eines Beispiels gemacht. Auch ist die Rede der Bhūmi *ahaṃ śiṣyā ca dāsī ca bhaktā ca tava mādhara*[279] in einem übertragenen [Sinne] zu nehmen. [Und selbst] wenn auch die Gattinnen Dienerinnen des Gatten wären, so ist es entsprechend dem allgemeinen Gebrauch in der Welt dennoch richtig, daß die anderen Diener des Gatten auch deren Diener sind. Wenn auch alle des Gatten Diener sind, besteht doch entsprechend den jeweiligen Umständen ein gegenseitiges Dienersein.

Hier aber [im Falle der Göttin] ist es richtig, daß aufgrund dessen, daß die doppelte Vibhūtiḥ wegen des einen Wunsches (des Gottes und der Göttin) ewig um beider willen gegeben ist, zufolge des Paradigmas eines Opfers für ein Paar von Gottheiten, [die Götter] Brahmā usw. 'Rest' (*śeṣaḥ*) beider sind. Daß die [Göttin] im Gadya usw. unter den Vibhūtis erwähnt ist, ist allein aufgrund der Gleichheit der finalen Hinordnung zufolge ihrer Wertschätzung für den Gatten möglich.

Einige sagen, daß alle anderen Seelen Diener der Lakṣmī und [ihres] Gatten sind im Sinne der Aussage *makāras tu tayor dāse*[280].

---

[278] Āpastambīyadharmasūtram 2, 6, 14, 16.

[279] Vom Herausgeber des Textes ohne Angabe der Stelle als Zitat des Vārāha[purāṇam] ausgewiesen.

[280] Vgl. NySiddh p. 234, 5f.: *akārenocyate viṣṇuḥ sarvalokeśvaro hariḥ / uddhṛtā viṣṇunā lakṣmīr ukāreṇocyate tathā // makāras tu tayor dāsa iti praṇavalakṣaṇam* und CŚBh p. 8, Anm. 1.

Wenn [dies] so ist, dann soll unter Berücksichtigung [ihres] Andersseins als die Gattin des Erhabenen Brahmā usw. Diener sein oder auch nicht, sofern [nur] das Gesagte angenommen ist.

Daher ist hier [in Catuḥślokī 1] die Erwähnung auch des Herren der Schlangen als 'Rest' (*śeṣaḥ*) der Lakṣmī in der Meinung, daß die Unterscheidung der Vibhūtiḥ, die [mit den Worten] *puṃnāma bhāgavān hariḥ / strīnāmnī lakṣmīr maitreya*[281] [beziehungsweise] *yo yo jagati puṃbhāvaḥ sa viṣṇur iti niścayaḥ / yo yas tu narībhāvaḥ syāt tatra lakṣmīr vyavasthitā*[282] zum Ausdruck kommt, den Zweck hat, wie die Teilung des Schmuckes usw. im Falle weltlicher Gatten entsprechend dem allgemeinen Gebrauch [gehandhabt wird], den durch den ewigen Willen [beider] unterdrückten Unterschied [dieser Vibhūtis] bewußt zu machen."[283]

Der Text setzt mit einem Einwand gegen die Lehre ein, daß der Göttin die Vibhūti zukommt, wobei wohl an beide Vibhūtis gedacht ist.[284] Er räumt ein, daß die Worte Yāmunas *brahmeśādisura-*

---

[281] ViP 1, 8, 35.

[282] Vom Herausgeber des Textes der Sanatkumārasaṃhitā zugeschrieben, jedoch im edierten Text nicht gefunden.

[283] CŚBh pp. 7, 8 – 8, 7: *astv evaṃ tathāpi stryaṃśamātrāpekṣayaiva śriyo vibhūtimattvam astu brahmavaiṣṇavādipurāṇeṣu tathā darśanāt. ataḥ śrīmata eva sarvavibhūtiśeṣitvam iti. atra brūmo dāsabhūtaḥ svataḥ sarve hy ātmānaḥ paramātmanaḥ ityādibhiḥ sarveṣām ātmanāṃ paramātmadāsatvasiddher jāyāpatyor na vibhāga iti nyāyāt patidāsānāṃ patnīdāsatvam avarjanīyam. nanv evaṃ patnyā api patidāsatve sati tāṃ prati patidāsānāṃ dāsatvam ayuktaṃ syāt. tan na, loke vede vā kvacid api patnyāḥ patiṃ prati dāsatvābhāvāt. ata eva hi yadā yadā hi kausalyā dāsīvac ca sakhīva ceti dṛṣṭāntatayocyate. ahaṃ śiṣyā ca dāsī ca bhaktā ca tava mādhaveti bhūmivacanam apy upacārato neyam. yady api patnīnāṃ patidāsatvaṃ tathāpi patidāsāntarāṇāṃ taddāsatvam api yathālokaṃ yujyate. asti ca sarveṣāṃ bhagavaddāsatve 'pi tattadupādhibhiḥ mitho dāsatvam. iha tv ekayaivecchayā vibhūtidvayasya nityam ubhayārthatayopāttatvād devatādvandvahavirnyāyena brahmādīnām ubhayaśeṣatvaṃ yuktam eva. gadyādiṣu vibhūtimadhye tasyāḥ pātho 'pi patyapekṣayā pārārthyamātrasāmyād upapannaḥ. ātmāntarāṇāṃ sarveṣāṃ lakṣmītatpatidāsatām / makāras tu tayor dāsa iti kecid adhīyate // evaṃ sati bhagavatpatnyantarāpekṣayā brahmādīnāṃ dāsatvaṃ bhavatu vā mā voktaṃ tāvad upapannam. ataḥ puṃnāma bhāgavān hariḥ / strīnāmnī lakṣmīr maitreya, yo yo jagati puṃbhāvaḥ sa viṣṇur iti niścayaḥ / yo yas tu narībhāvaḥ syāt tatra lakṣmīr vyavasthitetyādyukto vibhūtivibhāgas tu laukikadampatyor yathocitaviniyogānuguṇabhūṣaṇādivibhāgavan nityecchāniyamitaviśeṣābhimānārtha ity abhiprāyeṇa phaṇipatyādīnām apy atra lakṣmīśeṣatvoktir iti.*

[284] Vgl. CŚBh p. 7, 17.

gaṇaḥ sadayitas tvaddāsadāsīgaṇaḥ gegen die in Text (6a) erwähnte Lehre sprächen, greift aber den in diesen Worten implizierten Gedanken, daß die Götter Brahmā, Īśa usw. als Diener der Göttin auch deren 'Rest' (*śeṣaḥ*)[285] sein müßten, auf und wendet ein: „Dennoch dürfte sich das Versehensein der Śrī mit der Vibhūtiḥ nur unter dem Gesichtspunkt [ergeben], daß es sich um den weibliche Teil (*aṃśaḥ*) [des Gottes selbst] handelt. ... Daher ist nur Er, dem die Śrī zugehört, *śeṣī* aller Vibhūtiḥ." Der Einwand wendet sich, auch wenn er zunächst gegen die Auffassung gerichtet ist, daß der Göttin die beiden Vibhūtis zukommen, gegen das eigenständige *śeṣitvam* der Göttin. Der Grund dafür könnte mit einiger Wahrscheinlichkeit der sein, daß das *śeṣī*-Sein beider Vibhūtis als definierendes Kennzeichen des Gott-seins betrachtet wurde.[286] Die dem Einwand zugrunde liegende Lehre von der Göttin hat dies offenbar so vermieden, daß sie die Göttin lediglich als Teilkonkretisierung des Gottes verstanden hat und nur im Hinblick darauf von der Göttin lehrte, daß ihr die beiden Vibhūtis eigen seien, also das *śeṣitvam* für beide Vibhūtis im eigentlichen Sinne lediglich dem Gott zukomme.[287] In der Widerlegung dieser Lehre greift Veṅkaṭanātha offenbar auf Śrīrāmamiśras Argumentation für das *śeṣitvam* der Göttin[288] zurück, daß es keine Teilung des Besitzes von Mann und Frau gäbe und daher dieser ebenso *śeṣaḥ* der Gattin wie des Gatten sei, nur wendet er dieses juridische Prinzip auch auf die Diener der Gattin an, die als Besitz des Gatten ebenso auch Besitz, d.h. Diener der Gattin seien. Dieser Argumentation fügt Veṅkaṭanātha die Bemerkung hinzu, daß andere zufolge der autoritativen Aussage über den Om-Mantra: „Durch den A-Laut wird Viṣṇu, Hari, der Herr aller Welten genannt, ebenso wird durch den U-Laut die von Viṣṇu [als Gattin] an-

---

[285] Schließlich hatte Rāmānuja gerade mit dem Beispiel des Sklaven seinen *śeṣa*-Begriff erläutert. Vgl. VedS p. 151, 5.

[286] Vgl. CŚBh 18, 24f.: *seyam īśvarakoṭir vibhūtidvayaśeṣitvādimātreṇa tallakṣaṇasiddheḥ*. Die Übersetzung siehe oben p. 80.

[287] Man könnte beispielsweise an jene Lehre, die Veṅkaṭanātha in Text (2) zurückgewiesen hatte, denken: *strīrūpanityavigrahāntaraviśiṣṭaḥ sa* [= *bhagavān*] *eveyam iti* (CŚBh p. 4, 12); oder an jene in Text (3) zurückgewiesene Lehre: *bhagavata eva svarūpaikadeśaḥ pṛthagahaṃtayā ... sarvadā pratigṛhītastrīrūpaḥ śrīśabdārthaḥ* (CŚBh p. 4, 18f.).

[288] Siehe oben pp. 12ff.

genommene Lakṣmī genannt. Der M-Laut aber [hat die Bedeutung] der Diener beider." lehren, daß auch ohne dieses juridische Prinzip alle geistigen Seienden (*ātmānaḥ*) Diener auch der Lakṣmī sind.

(7) „Jene aber, die verwirrt durch die Meinungsvielfalt der verschiedenen Lehrer lehren, daß die Wesenheit der Lakṣmī (*lakṣmītattvam*) in keiner Weise bestimmbar sei, wurden durch die hier [vorgetragene] Untersuchung ebenso zurückgewiesen. Außerdem ist die Unbestimmbarkeit zufolge dessen, daß [diese Wesenheit der Lakṣmī] weder als ein Seiendes noch als ein Nichtseiendes bestimmt werden kann usw. aufgrund der Zurückweisung der jeweils betreffenden Lehre zurückgewiesen."[289]

Dieser kurze Text, mit dem Veṅkaṭanātha seine Auseinandersetzung mit den verschiedenen Lehren von der Göttin abschließt, ist zu knapp andeutend, als daß er in seiner Komplexität wirklich erfaßt werden könnte. Veṅkaṭanātha scheint nämlich hier verschiedene Lehren unter dem Stichwort der Unbestimmbarkeit der Wesenheit der Göttin zu behandeln.[290] Zunächst weist er jene zurück, die „verblendet durch die Meinungsvielfalt" der verschiedenen Lehrer der Meinung waren, daß die Wesenheit der Göttin (*lakṣmītattvam*) in keiner Weise (vgl. *sarvathā*) bestimmt werden könne. Wenn man Veṅkaṭanāthas Diktion beim Wort nehmen darf, dann scheint hier nicht jene Lehre gemeint zu sein, die die Auffassung vertreten hatte, daß nicht entschieden werden könne, ob die Göttin eine ewig emanzipierte Seele sei oder dem göttlichen Sein zuzuordnen sei,[291] wenn dies auch nicht auszuschließen ist. An zweiter Stelle scheint Veṅkaṭanātha eine von der ersten Auffassung unterschiedene zurückzuweisen, die offenbar in advaitischer Tradition im Anschluß an Vimuktātmā gelehrt hatte, daß die Wesenheit der Göttin weder als ein Seiendes noch als ein Nichtseiendes bestimmt werden könne, wobei der Ausdruck *sadasadanirvacanīyādi* in Verbindung mit Veṅkaṭanāthas Bemerkung, daß diese Lehre aufgrund der Zurückweisung der

---

[289] CŚBh 8, 8-10: *kecit tu nānāvidhavādivipratipattimohitāḥ sarvathā durnirūpaṃ lakṣmītattvam iti manyante. te 'py evam iha nirūpaṇena nirdhūtāḥ. kiñ ca sadasadanirvacanīyatvādirūpadurnirūpatvaṃ tattanmatanirāsād eva nirastam.*

[290] Man vgl. etwa den Ausdruck „aufgrund der Widerlegung der jeweils betreffenden Lehre" (*tattanmatanirāsāt*) in seinem zweiten Argument.

[291] Vgl. oben pp. 47ff.

jeweiligen Lehre (*tattanmatanirāsāt*) zurückgewiesen sei, anzudeuten scheint, daß hier an mehrere Auffassungen zu denken ist. Diese advaitische Lehre ist jedoch mit grosser Wahrscheinlichkeit von jener anderen advaitischen Lehre von der Göttin zu unterscheiden, welche Veṅkaṭanātha in Text (5) erörtert hat, bei der die Auffassung, daß die Wesenheit der Göttin weder als ein Seiendes noch als ein Nichtseiendes bestimmt werden könne, nicht zur Sprache kam. Mehr läßt sich zu dieser Stelle des Catuḥślokībhāṣyam wohl nicht sagen.

Die hier versuchte Interpretation von Veṅkaṭanāthas Text aus seinem Kommentar zu CŚ 1 zeigt, daß die scholastische Reflexion der Lehre von der Göttin nicht auf Vertreter der Rāmānuja-Schule beschränkt war, sondern eher eine allgemeine Erscheinung in den religiösen Traditionen des Viṣṇuismus der damaligen Zeit war. Neben Lehren, die offenbar in der Tradition des Pāñcarātra entstanden sind, sind nicht nur verschiedene Lehren des Bhedābhedavāda und der viṣṇuitischen, an den Purāṇen orientierten Orthodoxie faßbar, sondern auch Lehren, die aus advaitischer Tradition stammen und zeigen, daß trotz der monistischen Denkweise dieser Tradition und der ontologischen Relativierung der Wesenheit der Göttin, die Göttin im religiösen Leben auch dieser Tradition eine feste Stellung hatte und man eine Art Theologie der Göttin entwickelt hatte. In Zusammenhang mit der vorliegenden Interpretation des Textes von Veṅkaṭanātha muß jedoch beachtet werden, daß diese grundsätzlich nur die unterschiedlichen Lehren von der Göttin zu erfassen sucht, während die Zurückweisung dieser Lehre durch Veṅkaṭanātha und die darin sichtbare eigene Lehre Veṅkaṭanāthas von der Göttin unberücksichtigt bleibt.[292]

---

[292] Diese muß einer späteren Darstellung von Veṅkaṭanāthas Theologie der Göttin vorbehalten bleiben, welche dann auch die Zeit nach Veṅkaṭanātha zu berücksichtigen hat.

Die Lehre von der Göttin in ihrer Bedeutung für die Theologie der Schule

In der Lehre von der Göttin (Śrī, Lakṣmī), wie sie hier in den vorgelegten Untersuchungen faßbar wurde, hat sich eine lange und intensive Diskussion innerhalb der viṣṇuitischen Theologie niedergeschlagen, welche diese jedenfalls in der Rāmānuja-Schule entscheidend geprägt hat und deren Anhängern ihr Selbstverständnis als Śrīvaiṣṇavas eröffnet hat.

Am Anfang dieser Diskussion steht der Glaube an die Göttin, der in der mythologischen Sprache der Purāṇen lange Zeit hindurch, wohl ohne ausdrücklich in begrifflich-rationaler Reflexion rezipiert zu werden, überliefert war. In der Sprache der Mythologie war die Göttin die geliebte Gattin (*vallabhā*) des Gottes Viṣṇu, die Mutter[293] und Herrin der Welt, so wie er Vater und Herr der Welt war.[294] So stand sie immer schon in einem mytho-soziologischen Verhältnis zu dem in der Vaiṣṇava Tradition als Schöpfer und Ursache der Welt und als uneingeschränkten Herren verstandenen Gott. Die Ernsthaftigkeit und Lebendigkeit dieses Glaubens bezeugt in der frühen Zeit der Schule zunächst die Stotren-Literatur mit ihren Lobpreisungen der Göttin, die trotz ihrer häufig umständlichen, eher prosaischen Diktion keineswegs nur Schöpfungen gelehrter Paṇḍits sind, sondern durchaus Zeugnis eines echten religiösen Glaubens. Neben den Hymnen der Āḻvārs ist wohl Yāmunamunis Catuḥślokī das älteste erhaltene Zeugnis eines solchen Stotras. Anders als dies beispielsweise bei Namāḻvār zu sein scheint, ist hier die Göttin direkt Gegenstand des Lobes und der Verehrung, auch wenn der Glaube an sie immer vom Glauben an den Gott umfaßt bleibt und in ihrem Lob das Lob ihres Gatten wesentlich bestimmend wiederklingt:

---

293 Bemerkenswert ist, daß aus diesem ehelichen Verhältnis keine Kinder im eigentlichen Sinne des Wortes entstehen; vielleicht weil die mythologische Vorstellung der Göttin als geliebte (*vallabhā*) Gattin des Gottes immer schon auf die Göttin als Mutter der Welt gerichtet war.

294 Vgl. ViP 1, 9, 126ab.

„Geliebter ist Dir das höchste Wesen (*puruṣottamaḥ*), Sitz und Ruhebett der Herr der Schlangen[295], Reittier der Herr der Vögel, der vedahafte (*vedātmā*) [Hüter der Veden][296]; Schleier (*yāvanikā*) [ist Dir] die Māyā, die die Welt verblendet (*jaganmohinī*)[297]. Die Menge der Götter Brahmā und Śiva usw. mit [ihren] Gattinnen ist die Schar Deiner Diener und Dienerinnen. Śrī ist Dein Name, Erhabene! – Wie werden wir von Dir reden, (1) deren Größe grenzenlos ist ihrem Maß nach, die auch Dein Geliebter nicht ermessen kann [sowenig] wie jene Seinerselbst? Immerdar freundlich ist sie aus sich! – Preisen will ich dich furchtlos [im Gedanken:] 'Dein Diener [bin ich]', 'meine Zuflucht nahm ich zu Dir'; Deine Zuneigung kennend zu dem Dir Ergebenen, [Du] einzige Herrin der Welt, Geliebte des Beherrschers der Welten. (2) Durch ein wenig vom Nektar Deines mitleidvollen Blickes belebt ist die Dreiwelt bewahrt, die zuvor [ihn] entbehrend verloren war, doch jetzt auflebt, unbegrenzt. Denn ohne [Deine] Gunst, die [Du] dem Denken des Lotusäugigen lieb bist, wird den Menschen niemals Heil, [weder] auf den Wegen der Welt (*saṃsṛti-*) noch denen der Einkehr ins Unvergängliche[298], noch [auf den Wegen] der Vaiṣṇavas. (3) Haris Form (*rūpam*), die das höchste Brahma ist, friedvoll, unendlich und großer Entfaltung [fähig], dann auch jenes körperhafte Brahma (*mūrtam brahma*), das [Seine] liebenswertere, überaus wunderbare Gestalt (*rūpam*) ist, und jene anderen Gestalten (*rūpāṇi*) [Seiner selbst], wenn er [frei] nach Belieben waltet (*viharataḥ*), diese alle, sagen sie, sind engstens verwoben mit Deinen eigenen Entfaltungen (*vibhavaiḥ*), den [ihnen] angemessen ähnlichen. (4)"[299]

---

[295] Scil. Anantaśeṣa.

[296] Scil. Garuḍa, Viṣṇus *vāhanam.*

[297] Nämlich die Prakṛti mit ihren Entfaltungen.

[298] Veṅkaṭanātha kommentiert in CŚBh p. 14, 9: *akṣaraśabdas tu pratyagātmānubhavaparaḥ.* „Das Wort *akṣara* meint die unmittelbare Erfahrung des inneren Ātmā."

[299] CŚ 1-4: *kāntas te puruṣottamaḥ phaṇipatiḥ śayyāsanaṃ vāhanaṃ vedātmā vihageśvaro yavanikā māyā jaganmohinī / brahmeśādisuravrajaḥ sadayitas tvaddāsadāsīgaṇaḥ śrīr ity eva ca nāma te bhagavati brūmaḥ kathaṃ tvāṃ vayam // 1 yasyās te mahimānam ātmana iva tvadvallabho 'pi prabhur nālaṃ mātum iyattayā niravadhiṃ nityānukūlaṃ svataḥ / tāṃ tvāṃ dāsa iti prapanna iti ca stoṣyāmy ahaṃ nirbhayo lokaikeśvari lokanāthadayite dānte dayāṃ te vidan*

In diesen vier Versen drückt sich wohl kaum schon eine begriffliche Theologie der Göttin im Sinne der Rāmānuja-Schule aus. Was sich in ihnen jedoch ausdrückt, sind fromme Gedanken der Hochschätzung, des Vertrauens in das Wohlwollen und die Hilfe der Göttin[300] sowie gewisse, begrifflich unscharf ausgedrückte Gedanken über das Verhältnis der Göttin zu dem Gott. Sie ist dessen Gattin, sie verfügt über Vāhanam und Ruhebett des Gottes, ihr Schleier (*yāvanikā*) ist die als Māyā bezeichnete Prakr̥ti, die Gottes Wollen unterworfen die Seelen im Wesenskreislauf der Welt verblendet,[301] und ihre Erscheinungen (*vibhavāḥ*) sind den verschiedenen Gestalten des Gottes jeweils angemessen ähnlich (*anurūpa-*). Gerade diese Vorstellung von den verschiedenen Gestalten Gottes dürfte auf Gedanken der Pāñcarātrasaṃhitās oder jedenfalls dem Pāñcarātra nahestehende Lehren zurückgehen, doch ist es wenig wahrscheinlich, daß Yāmunamuni die spätere Lehre der Schule von den fünf „Körpern" (*śarīrāṇi*) des Gottes vorweg genomen haben

---

// 2 īṣat tvatkaruṇānirīkṣaṇasudhāsandhukṣaṇād rakṣyate naṣṭaṃ prāk tadalābhatas tribhuvanaṃ sampratyanantodayam / śreyo na hy aravindalocanamanaḥkāntāprasādād r̥te saṃsr̥tyakṣaravaiṣṇavādhvasu nr̥ṇāṃ saṃbhāvyate karhicit // 3 śāntānantamahāvibhūti paramaṃ yad brahma rūpaṃ harer mūrtaṃ brahma tato 'pi tatpriyataraṃ rūpaṃ yad atyadbhutam / yāny anyāni yathāsukhaṃ viharato rūpāṇi sarvāṇi tāny āhuḥ svair anurūparūpavibhavair gāḍhopagūḍhāni te // 4. Vgl. auch M. DHAVAMONY, Yāmuna's Catuḥślokī: An Analysis and Interpretation. *Indologica Taurinensia* 3-4 (1975-76), pp. 197ff., der Yāmunamunis Verse entsprechend dem Kommentar Veṅkaṭanāthas interpretiert und so den Text eher im Sinne eines späteren Verständnisses deutet. Der Bezug Yāmunamunis zur Spiritualität der Āḻvārs und der Theologie des Pāñcarātra hingegen dürfte zu einem großen Teil richtig gesehen sein.

[300] In Vers 4 wird diese Hilfe der Göttin in einer fast übersteigerten Diktion gepriesen. Man denkt eher an die zentrale Rolle der Göttin im Lakṣmītantram. Im Vers ist sie wohl letztlich auf die Situation des die Göttin preisenden Autors zurückzuführen, welche durch die unmittelbare Anrede und die Konzentration auf das Du der Göttin eine Unmittelbarkeit der Beziehung entstehen läßt, in der eine solche Steigerung des Ausdruckes durchaus möglich und gerechtfertigt ist, ohne daß dies schon im Sinne einer klar umrissenen Lehre zu verstehen wäre. Daß dies auch in der Schul-Tradition so gesehen wurde, zeigt beispielsweise Meghanādārisūris Wertung solcher Lobpreisungen der Göttin in der autoritativen Literatur; vgl. oben pp. 56ff.

[301] Man ist versucht, hier eine Beziehung zu ParS 2, 79ff. zu sehen, wo von der Prakr̥ti in diesem Sinne die Rede ist und selbst der Terminus *māyā* begegnet.

könnte. Wovon er spricht, ist einerseits die transzendente Form Gottes, offenbar vor jeder Schöpfertätigkeit usw., die wohl allein als *śānta-* und *ananta-* und als *paramaṃ rūpam* verstanden werden kann, andererseits das, was er als „körperhaftes Brahma" (*mūrtaṃ brahma*) bezeichnet und das, wenn er es „liebenswerter" (*priyataram*) und „wunderbar" (*adbhutam*) nennt, wohl nur jene gestalthafte Form des Gottes meinen kann, welche die Emanzipierten und die Ewig-emanzipierten im „höchsten Ort" (*paramam padam*) Viṣṇus schauen. Die anderen Gestalten des Gottes, von denen er andeutend spricht, dürften Gottes Gestalten als Avatāra meinen. Jedenfalls lassen Yāmunamunis Worte kaum den Schluß zu, daß er hier von einer klar umrissenen Lehre spricht, die mit der Lehre von den fünf „Körpern" Gottes gleichzusetzen wäre. Vielmehr möchte man annehmen, daß er sich hier auf Vorstellungen aus purāṇischer Tradition oder aus dem Pāñcarātra bezieht. Ebensowenig dürfte der Terminus *mahāvibhūti-* als Charakterisierung des höchsten Brahma im Sinne der später in der Schule vertretenen Lehre von der ewigen Vibhūti Gottes zu verstehen sein. Diese müßte jedenfalls auch dem „körperhaften Brahma" zugeordnet sein und nicht nur dem höchsten Brahma, sodaß man annehmen möchte, daß der Terminus *mahāvibhūti-* im Sinne einer „machtvollen Entfaltung" in der Schöpfung wie in der Bhagavadgītā oder noch bei Rāmānuja zu verstehen ist.[302]

Wenn der so von Yāmunamunis Catuḥślokī gewonnene Eindruck richtig ist, muß man sagen, daß in ihr zwar die wesentlichsten Züge der späteren Theologie der Göttin im Sinne von Glaubensaussagen vorhanden sind,[303] daß jedoch in Yāmunamunis Versen noch keine scholastische Lehre von der Göttin faßbar ist. Eine solche wird, wenigstens für die Sanskrit-Tradition, erst in einem Fragment Śrīrāmamiśras, einem unmittelbaren Schüler Rāmānujas, bezeugt,[304] das jedoch zeigt, daß dieser nicht allein steht, sondern bereits innerhalb einer begrifflich-scholastischen Diskussion argumentieren muß. Bemerkenswert ist nämlich, daß Śrīrāmamiśra da-

[302] Vgl. OBERHAMMER, Materialien V, 1. und 4. Kapitel.

[303] Es fehlt jedenfalls die ausdrückliche Lehre von der Śrī als *puruṣakāraḥ* wie auch jeder Hinweis auf philosophisch-theologische Aussagen über ihre Eigenschaften etc.

[304] Vgl. oben pp. 11ff.

rin einen Gegner zu Wort kommen läßt, der selbst mit den rāmānujeischen Begriffen *śeṣaḥ* und *śeṣī* argumentiert und sogar die Vorstellung vom *śarīraśarīribhāvaḥ* auf das Verhältnis von Gott und Göttin anzuwenden scheint und Śrīrāmamiśras Argumentation, daß Gatte und Gattin gemeinsame Verfügungsgewalt über ihren Besitz haben, auszuschalten versucht, indem er darauf hinweist, daß der Körper des Gatten niemals seine Gattin sein könne.[305] Die hier greifbar werdende Diskussion muß daher unmittelbar nach, wenn nicht schon zur Zeit Rāmānujas eingesetzt haben und im Grunde in Zusammenhang mit dem mytho-soziologischen Phänomen des ehelichen Verhältnisses von Gott und Göttin seinen Ausgangspunkt genommen haben. Einerseits verhindert dieses eheliche Verhältnis das Absinken der Göttin auf das Niveau der anderen Götter wie Brahmā, Indra usw., andererseits fordert es darüber hinaus eine „angemessene Ähnlichkeit" (*ānurūpyam*) der Gattin mit dem Gatten,[306] womit für die viṣṇuitische Theologie ein unvermeidbares Problem gegeben war, nämlich die Notwendigkeit, dieses im Glauben mythologisch vorgegebene Verhältnis im Horizont monotheistischen Glaubens rational zu strukturieren. In der Beantwortung dieses Problems haben sich die Vertreter der Schule, die uns in der Frühtradition faßbar sind, grundsätzlich unterschieden, und zwar, ohne daß es schon die sektarische Unterscheidung in Teṅgalai und Vaḍagalai gegeben hätte. Meghanādārisūri formuliert innerhalb der Sanskrit-Tradition das Problem unmißverständlich, indem er die dem Problem vorgelagerte Frage grundsätzlich aufwirft:

„Welcher Seite ist die Göttin, deren Sitz der Lotos ist, zuzuzählen? Diesbezüglich besteht [nämlich] ein Zweifel: Weil mit [den Worten]: 'wie Viṣṇu allgegenwärtig ist, so ist es auch diese'[307] usw. [für sie] die Allgegenwart [in der gleichen Weise] wie für den Paramātmā erwiesen ist, ist sie dem Paramātmā zuzuzählen. In [dem Text]: 'die Gattin Viṣṇus ist die Herrin dieser Welt'[308] usw. ist auch geoffenbart, daß sie wie Nārāyaṇa Lenkerin (*niyantṛtva-*) der Welt

---

[305] Vgl. zum Gegner oben pp. 12ff.

[306] Vgl. CŚ 4: *svair anurūparūpavibhavair* und deren Kommentierung durch Veṅkaṭanātha oben pp. 63ff.

[307] ViP 1, 8, 17.

[308] TaitS 4, 4, 12.

ist, [und in dem Text]: 'Du bist die Mutter'[309] usw. auch, daß [sie] Ursache der Welt ist. Wenn sie nicht auf [die Seite Gottes, sondern] unter die ewig Emanzipierten gehörte und sich nicht um die Welt kümmerte, würde dies den eben beigebrachten [Aussagen der] Śruti widersprechen. Doch ist dies [auch wieder] nicht richtig, weil, wenn dies so wäre, eine Teilung (*bhedaḥ*) des Paramātmā die Folge wäre. In [der Aussage:] 'in der Mitte ist der Paramātmā anwesend'[310] usw. ist [aber] geoffenbart, daß der Paramātmā ein einziger ist. [Auch] ist in [der Aussage:] 'woher fürwahr diese [Wesen] sind'[311] usw. geoffenbart, daß nur ein einziges [Wesen] die Ursache der Welt ist. Wenn man [aber sagt], daß sie dann unter die [ewig] Emanzipierten gehört, [so ist dies] nicht [so], weil [dies] den zuvor beigebrachten Zeugnissen [der Śruti] widersprechen [würde] ... Ein geistiges Seiendes, das vom Paramātmā und den Seelen unterschieden wäre, wird aber nicht vertreten. Daher wissen wir nicht, welcher Seite sie zuzuzählen ist."[312]

Der Text ist wichtig, nicht nur, weil er das Grundproblem der Lehre von der Göttin in unmißverständlicher Weise zum Ausdruck bringt und die entscheidenden Offenbarungsaussagen erwähnt, auf die sich diese Theologie neben anderen stützen wird. Wichtig ist er darüber hinaus, weil er eine Dynamik im Hintergrund der Diskussion um die Theologie der Göttin ahnen läßt, die im Hin und Her der scholastischen Argumentation überspielt wird, vielleicht als solche auch gar nicht bewußt war und die dennoch bestanden hat. Versucht man nämlich die Argumentation, die in diesem Text gegen die Göttlichkeit der Göttin vorgebracht wurde, in ihrer Tragweite zu erfassen, so fällt auf, daß der zentrale Gedanke dieser Argumentation der ist, daß, falls die Göttin ein göttliches Wesen wie der Gott wäre, „der Paramātmā geteilt" wäre, wie der Text sagt,[313] und damit zwei göttliche Wesen angenommen werden müßten. Dies wäre zunächst im Rahmen der purāṇischen Mythologie keine Denkunmöglichkeit gewesen. Dennoch scheint sich hier das entscheidende Problem abzuzeichnen. Denn es geht hier nicht mehr um ein my-

---

[309] ViP 1, 9, 126 = TaitS 2, 11, 26.

[310] TaitĀ 10, 11, 2.

[311] TaitU 3, 1, 1.

[312] NyD p. 255, 3-13. Text siehe oben Anm. 103.

[313] NDy p. 255, 8: *tathā sati paramātmabhedaprasakteḥ.*

thologisch vorgestelltes göttliches Wesen neben anderen, sondern um den Gott, der Ursache der Welt ist und der, wie die Offenbarungsaussagen bezeugen, nur ein einziger ist. Meghanādārisūris Argumentation gegen die Göttlichkeit der Göttin, die unmittelbar auf den zitierten Text folgt, ist unmißverständlich: „So [darf man] nicht [sagen], weil sie, da man in allen Vedānta[texten] nichts [davon] hört, daß sie Ursache der Welt wäre, zu den ewig Emanzipierten (*nityamukta-*) zu zählen ist. Da aus allen Vedānta[texten] erkannt wird, daß [jene] Realität, die Ursache der Welt ist, eine einzige ist, [kann es] nicht eine Zweiheit von Ursachen geben ... Anderenfalls, falls Śrī und deren Gatte zusammen [deren] Ursache wären, wäre gesagt, daß dieses Paar [gemeinsam] Ursache der Welt sei."[314]

Es handelt sich hier nicht eigentlich um eine philosophisch stringente Vorstellung von einer einzigen Ursache der Welt, wie gerade der letzte Satz der Argumentation zeigt, sondern um eine Glaubensüberzeugung, die auf der Offenbarung beruht, die aber gerade deshalb zeigt, daß sich die Gottesvorstellung als solche gegenüber der mythologischen Vorstellung göttlicher Wesen in den Purāṇen geändert hat und der theologische Diskurs darum geht zu klären, wie die Göttin, anders als die mythologisch überlieferten anderen Götter mit der Einzigkeit des im eigentlichen Sinne göttlichen Wesens zusammengedacht werden könnte. Denn der Glaube an die Göttin konnte den Monotheismus der Schule solange gefährden, als das Verhältnis der Göttin zu diesem Gott nicht eindeutig geklärt war, das man seinerseits nicht relativieren konnte, denn es war Bestandteil der Glaubensvorstellung. Es war dieses mytho-soziologische Verhältnis eines Ehepaares, das der Lehre von der Göttin ihre entscheidende Aktualität verlieh, wie schon Śrīrāmamiśras Argumentation für das *śeṣitvam* der Göttin[315] und vor allem die breite und unterschiedliche Diskussion um die dem Gott „angemessene Ähnlichkeit" (*ānurūpyam*) der Göttin deutlich machen.[316] Dies hat Veṅkaṭanātha deutlich gesehen, wenn er von seiner Darlegung der Gotteslehre zu jener der Göttin mit den Worten überleitete: „Daher ist es gewiß, daß sich nach der Lehre der Upaniṣaden das Brahma, welches das feine geistige und ungeistige Seiende zum Körper hat,

---

[314] NDy p. 255, 14ff. Text siehe oben Anm. 114.

[315] Siehe oben pp. 12ff.

[316] Vgl. oben § 4a, pp. 62ff.

[nur] wandelt, indem es das grobe Geistige und Ungeistige zum Körper hat [, in welchem allein die Veränderung vor sich geht], und damit ist die Beziehung (*sambandhaḥ*) des gesamten von ihm Unterschiedenen zu ihm der Zustand von Tragendem und zu Tragendem (*ādhārādheyabhāvaḥ*), von Herr und Beherrschtem (*īśvareśitavyam*), von 'Rest' und 'Resthabendem' (*śeṣaśeṣitvam*), von Körper und Körperhabendem (*śarīraśarīribhāvaḥ*), von Ursache und Wirkung (*kāryakāraṇabhāvaḥ*) usw. [Seine Verbindung] mit der Göttin Śrī hingegen ist [sein] eheliches Verhältnis (*dāmpatyam*) zu ihr. Aufgrund von eben diesem ergibt sich im Falle dieser beiden die [unterschiedliche] Rede von Gleichheit (*sāmyam*), Identität (*aikyam*), Śakti-Sein (*śaktitvam*), [ihrem] Sosein wie Er (*tadvattvam*) usw."[317]

Es war die mythologisch geprägte Glaubensvorstellung von Gott und Göttin als einem ehelichen Paar, die im Horizont eines zu wahrenden Monotheismus die spekulative Dynamik der Auseinandersetzung um die Theologie der Göttin mit sich brachte, insofern als dieses Verhältnis das allgemeine Verhältnis Gottes zum anderen Seienden in ihrem Falle überformte und auf eine höhere Stufe verlagerte. Dieses eheliche Verhältnis implizierte in mytho-soziologischer Sicht eine „angemessene Ähnlichkeit" (*ānurūpyam*) im Sein der Göttin, die in einer Theologie der Göttin begrifflich entfaltet und reflektiert werden mußte und die auch tatsächlich in unterschiedlicher Weise diskutiert wurde, wie Veṅkaṭanātha in seinem Kommentar zu Catuḥślokī 4 bezeugt. Aus der Sicht seiner Zeit erklärt Veṅkaṭanātha diesen Begriff in Hinblick auf die Göttin, auch wenn er ihn ganz allgemein zu fassen scheint: „'Angemessene Ähnlichkeit'(*anurūpatvam*) ist außerordentliche Ähnlichkeit (*prakṛṣṭam sādṛśyam*) bei Bestehen eines [inneren] Zusammenhanges, oder sie ist nach dem Leitmodell von Edelstein und Gold [in einem Schmuckstück] das Ursache-Sein (*hetutvam*) außerordentlicher Schönheit im Falle eines damit Verbundenen."[318] Nicht jede Ähnlichkeit ist „an-

[317] NySiddh p. 233, 15-19: *tataḥ siddhaṃ sūkṣmacidacidvastuśarīrakaṃ brahmaiva sthūlacidacidvastuśarīratayā pariṇamatīti vedāntāḥ pratipādayantīti. tena ca tadvyatiriktasya nikhilasya ādhārādheyabhāveśvareśitavyatvaśeṣaśeṣitvaśarīraśarīribhāvakāryakāraṇabhāvādayo yathāgrahaṇaṃ saṃbandhāḥ. śriyā saha tu dāmpatyaṃ śāśvataṃ tata eva tu. tayoḥ sāmyaikyaśaktitvatadvattvādigirāṃ gatiḥ.*

[318] CŚBh p. 16, 13f. Text siehe oben Anm. 164.

gemessene Ähnlichkeit", sondern nur jene, die dem Anspruch dessen genügt, mit dem sie besteht. Es ist Gott, der als Gatte den Maßstab für die Angemessenheit der Göttin setzt,[319] die in der Ähnlichkeit konkret wird und aus der die von der Göttin gelehrten Eigenschaften und Perfektionen begründend abgeleitet werden. Diesen Schluß legt jedenfalls Veṅkaṭanāthas Referat der verschiedenen Auffassungen von dieser „angemessenen Ähnlichkeit" nahe, das er in seiner Kommentierung von Yāmunamunis Catuḥślokī 4 gibt.[320]

Die Rede von der „angemessenen Ähnlichkeit" geht wohl auf Yāmunamunis Gedanken in Catuḥślokī 4 zurück, daß die Gestalten (*vibhavaḥ*) der Göttin mit jenen des Gottes eng verbunden und diesen angemessen seien.[321] Dieser ist zunächst wohl kaum mehr als ein fruchtbarer denkerischer Einfall des gläubigen Dichters und nicht so sehr ein feststehender Topos der Lehre von der Göttin. Die „angemessene Ähnlichkeit" begegnet weder in Meghanādārisūris Darstellung der Lehre von der Göttin noch in jenen Varadagurus. Dennoch wird dieser Begriff, wie Veṅkaṭanātha im Zusammenhang mit der Kommentierung von Yāmunamunis Vers bezeugt, bereits begrifflich reflektiert zu einem wichtigen Element der Theologie der Göttin. Die Wichtigkeit des Gedankens wird deutlich, wenn man bedenkt, daß diese „angemessene Ähnlichkeit" dem Wesen (*svarūpam*) der Göttin zugeschrieben wird, unabhängig davon, ob sie als eine ewig emanzipierte Seele, als göttliches Wesen oder als ein Wesen sui generis verstanden wurde. Der Begriff der „angemessenen Ähnlichkeit" ergab sich offenbar unabhängig von diesen Positionen direkt aus der sozio-mythologischen Vorstellung der Göttin als Gattin des Gottes und entsprach in Übereinstimmung mit dem mit ihm verbundenen Glaubensgehalt durch die implizite Hingeordnetheit der Ähnlichkeit auf den Gatten genau der Intention der theologischen Diskussion, eine Lehre von der Göttin zu erarbeiten, die dem Monotheismus der Schule gerecht wurde und dennoch den traditionellen Glauben an die Göttin bewahrte.

---

[319] Vgl. die abschließenden Bemerkungen zu den von Veṅkaṭanātha erwähnten Lehren: CŚBh p. 18, 17f. (*ato jīvatve 'py asyāḥ svarūpavibhutvena patisvarūpānurūpyam*), *ibid.* p. 18. 22f. (*ato 'trāpi patisvarūpānurūpyam patnīsvarūpasya sugamam*) und *ibid.* p. 18, 26 (*anurūpatvam tu pūrvavat*).

[320] Siehe oben pp. 63-82.

[321] Vgl. CŚ 4: *svair anurūparūpavibhavair gāḍhopagūḍhāni.* Übersetzung siehe oben p. 120.

Wenn man von der Auffassung der Göttin als einem Wesen, das weder Gott noch eine Seele ist, absieht,[322] die sich offenbar nicht durchsetzen konnte, führte diese Intention dazu, die Göttin als eine auserwählte, ewig emanzipierte Seele zu denken, die trotz ihres ehelichen Verhältnisses zu Gott wie das gesamte andere geistige und ungeistige Seiende in einer ontologischen Abhängigkeit von Gott steht.[323] Das gleiche Bestreben führte andererseits dazu, dieses eheliche Verhältnis so zu verstehen, daß es eine Relationalität des Seins innerhalb der göttlichen Wirklichkeit selbst zum Ausdruck bringt, indem die Göttin als ein eigenständiges Seiendes gleichen Wesens mit Gott verstanden wurde, das in einer wesentlichen Hinordnung auf ihn in einer funktionalen hierarchisch strukturierten Einheit die eine göttliche Wirklichkeit bildete. Es ist vor allem diese zweite Form der Lehre, die eine weitere, religionshermeneutisch nicht unwichtige Einsicht in die Theologie der Schule vermittelt.

Es ist Vatsyavaradaguru, der in der erhaltenen Literatur als erster diese Form der Lehre von der Göttin vertreten hat, auch wenn er wohl kaum der Denker gewesen ist, der sie geschaffen und systematisch entfaltet hat. Vielleicht ist er auch nur jener fruchtbare Anfang, in dem verschiedene bereits vorhandene Ansätze erstmals in einer theologischen Konzeption vereinigt sind, ohne daß sie bereits spekulativ in ein System gebracht wären. Bei ihm sind bereits alle Aspekte der Göttin einschließlich ihres „Mittlerseins" (*puruṣakāratvam*) zwischen den Menschen und Gott vorhanden, die in der späteren Theologie der Göttin begegnen.[324] Vatsyavaradaguru entwickelt seine Lehre von der Göttin im Prapannapārijātam anhand eines längeren Zitates aus der Viṣvaksenasaṃhitā und einem Zitat aus dem Lakṣmītantram, beides Texte des Pāñcarātra, denen lediglich einige eigene Verse und ein Zitat aus dem Viṣṇupurāṇam (ViP 1, 8, 17) hinzugefügt sind.[325] Die Grundstruktur seiner Theologie der Göttin wird im Zitat der Viṣvaksenasaṃhitā faßbar, das eine starke

---

[322] Vgl. CŚBh p. 18, 19f.

[323] Vgl. die Rede von ihrem *śeṣa*-Sein zu Gott bzw. die Bemerkung CŚBh p. 18, 21f.: *tatra lakṣmyā api sattā bhagavadadhīnā bhagavatas tu vaibhavaṃ ratnaprabhāpuṣpaparimalanyāyena lakṣmyāyattam.* Übersetzung siehe oben p. 79.

[324] Siehe oben pp. 32ff.

[325] Siehe oben § 2, pp. 25ff.

gedankliche und terminologische Nähe zum Viśiṣṭādvaita Rāmānujas zeigt, die ohne einen direkten Einfluß der Schule kaum denkbar ist.[326] Es ist der Gott selbst, der spricht: „Die Durchdringung (*vyāptiḥ*) [der Welt] zufolge des Eigenwesens (*svarūpeṇa*) den Eigenschaften nach (*guṇataḥ*) wird [für beide (*scil.* für sie und mich)] als eine gemeinsame gelehrt. (6) [Und] wie [diese] Welt von mir zufolge des Eigenwesens (*svarūpeṇa*) der Eigenwirklichkeit nach (*svabhāvataḥ*) durchdrungen ist (*vyāptam*), ebenso ist dieses alles von ihr durchdrungen; sie ist die Lenkerin (*niyantrī*) und Herrin [von allem]. (7) Auch sie ist in dieser Weise von mir durchdrungen [und] ich, der Herr, von ihr. Höre folgenden Unterschied (*vailakṣaṇyam*), Seneśa! (8) Sie, die Herrin von allem, meine geliebte [Gattin], ist 'Rest' (*śeṣa-*) zu mir, im Veda bin ich als ihr Herr und [als Herr] der Welt bekannt. (9) Zu ihr und zu mir ist die zweifache (*ubhayātmikā*) Vibhūti[327] 'Rest'."[328]

Der Text mit seiner spröden Begrifflichkeit, in welchem im Grunde kein Wort zuviel ist, enthüllt die ihm zugrundeliegende Theologie der Göttin, wenn man die Begriffe *vyāptiḥ* und *śeṣaḥ* zu interpretieren sucht. Im vorliegenden Kontext drückt der Begriff der *vyāptiḥ* im Sinne der ontologischen Relation des „Umfassenden" (*vyāpakaḥ*) zum „Umfaßten" (*vyāptaḥ*) zunächst den Gedanken aus, daß der „Umfassende" das „Umfaßte" nicht nur teilweise, sondern als Ganzer in Wirken und Sein bestimmt.[329] In seiner Anwendung auf das Verhältnis von Gott und Göttin ist dann der Begriff geistig-relational zu verstehen und meint letztlich, wenn die hier vertretene Interpretation richtig ist, daß das jeweils „Umfaßte" (*vyāptaḥ*) mit dem „Umfassenden" (*vyāpakaḥ*) im aktuellen Wirken und Sein intentional übereinstimmt und eins ist, ohne aber identisch zu sein. Wenn daher in Vers 8 von einer gegenseitigen *vyāptiḥ* zwischen Gott und Göttin die Rede ist, kann damit nur gesagt sein, daß beide den jeweils anderen als „Umfassenden" annehmend, in ihrem Wirken und Sein übereinstimmend gegenwärtig sind, indem sie, wie es das Zitat ausdrückt, beide in gleicher Weise die Welt zufolge ihres Eigenwesens (*svarūpeṇa*) und nicht durch äußere Um-

---

[326] Vgl. oben pp. 31ff.

[327] *nitya-* und *līlāvibhūtiḥ.*

[328] Prap 6, 6-10b. Text siehe oben Anm. 44.

[329] Vgl. oben pp. 34f.

stände bedingt sowohl mit ihren Eigenschaften (*guṇataḥ*) als auch mit ihrem je eigenen Sein durchdringen und lenkend bestimmen. In dieser Weise sind Gott und Göttin in ihrer gegenseitigen Durchdringung (*vyāptiḥ*) gemeinsam für das nicht-göttliche geistige und ungeistige Seiende die eine göttliche Wirklichkeit und sind beide Vibhūtis zu Gott und Göttin in gleicher Weise 'Rest' (*śeṣaḥ*).[330]

Damit war der traditionelle Glaube an die Göttin als Göttin gewahrt, war die Göttin im Gegenüber zur Welt ein göttliches Wesen wie ihr Gatte. Insofern als in diesem Verständnis die Göttin als eigenständiges Seiendes gesehen wurde und gesehen werden mußte, war es notwendig, ihr ontologisches Verhältnis zu ihrem Gatten so zu bestimmen, daß der grundsätzliche Monotheismus der Schule erhalten blieb. Dies wurde erreicht, indem man auch dieses Verhältnis im Sinne des theologischen Strukturprinzips der Schule als *śeṣa-śeṣibhāvaḥ* bestimmte und die Göttin so ontologisch, wenn auch gleichen Wesens mit Gott, als 'Rest' zu ihm definierte.[331] „'Rest' ist dasjenige, dessen Eigenwesen es ist, zufolge eines Verlangens, die einem anderen zukommende Überlegenheit zu ermöglichen, gebraucht zu werden. Der andere ist der 'Rest-Habende'.", hatte Rāmānuja den Begriff des *śeṣaḥ* definiert und zusammenfassend hinzugefügt: „So ist die Eigenform jedes Seienden, sei es geistig und ungeistig, ewig oder nicht ewig, zufolge eines Verlangens, die Gott zukommende Überlegenheit zu ermöglichen, gebraucht zu werden; und daher ist alles 'Rest' zu Gott."[332] Damit hatte Rāmānuja den Grund für eine Theologie gelegt, in der auch die Göttin eingefügt werden konnte, ohne den Glauben an die Einzigkeit Gottes zu gefährden. Auch die Göttin ist, wenn auch ein göttliches Wesen gleicher Natur wie ihr Gatte, zufolge ihres relationalen Seins mit seiner Hingeordnetheit auf Gott 'Rest' zu ihm wie jedes andere Seiende, das nicht er ist.

---

[330] Vgl. PraP 6, 10ab: *asyā mama ca śeṣaṃ hi vibhūtir ubhayātmikā.*

[331] Vgl. PraP 6, 8c-9: „Höre folgenden Unterschied (*vailakṣaṇyam*), Seneśa! Sie, die Herrin von allem, meine geliebte [Gattin], ist 'Rest' (*śeṣa-*) zu mir, im Veda bin ich als ihr Herr und [als Herr] der Welt bekannt."

[332] VedS p. 151, 2-6: *paragatātiśayādhānecchayopādeyatvam eva yasya svarūpaṃ sa śeṣaḥ paraḥ śeṣī. ... evam īśvaragatātiśayādhānecchayopādeyatvam eva cetanācetanātmakasya nityasyānityasya ca sarvasya vastunaḥ svarūpam iti sarvam īśvaraśeṣabhūtaṃ.*

Diese 'Hinordnung' auf Gott darf nicht als ein willkürlicher Willensakt mißverstanden werden, wozu Rāmānujas Charakterisierung dieser „Hinordnung" als ein Verlangen (*icchā*) verleiten könnte. Diese gründet vielmehr unabhängig von einem solchen intentionalen Akt ewig im Sein des Seienden. Denn Rāmānuja spricht diese Hinordnung auch dem ungeistigen Seienden zu und charakterisiert auch diese als ein Verlangen (*icchā*), gebraucht zu werden. Bei Rāmānuja ist die im Begriff des *śeṣaḥ* zum Ausdruck kommende „Hinordnung" eine ontologische Bestimmung des geistigen und ungeistigen Seienden. Festgehalten zu werden, verdient jedoch, daß Rāmānuja den Begriff des *śeṣaḥ* in seiner „Körper"-Definition verwendet, um das geistige und ungeistige Seiende als Körper des Brahma (= Paramātmā) zu bestimmen, die Göttin hingegen nicht als „Körper" Gottes bestimmt wird,[333] sodaß dieser Begriff in seiner Anwendung auf die Göttin eine vom Begriff des „Körpers" unabhängige Bedeutung erlangt zu haben scheint.

Indem die Schule in dieser Weise den Glauben an die Göttin in ihre Theologie einarbeitete, scheint sich diese Theologie auch selbst weiter entfaltet zu haben und letztendlich zu einer echten Theologie der Śrīvaiṣṇava-Tradition geworden zu sein, auch wenn diese Entwicklung, wenigstens in den hier untersuchten Texten, nicht bewußt reflektiert wurde. Die Göttin und ihr Gatte wurden in diesem Prozeß theologischer Entwicklung einer, wenn auch im Sinne des *śeṣaśeṣibhāvaḥ* strukturierten, „relationalen Einheit" dem geistigen und ungeistigen Seienden gegenübergestellt: Die Göttin war ihrem Eigenwesen nach (*svarūpeṇa*) dem Eigenwesen des Gottes wenigstens „angemessen ähnlich" (*anurūpā*); ein Ansatz durch den man der Göttin letztlich die gleichen Eigenschaften und Perfektionen wie dem Gott zuschreiben konnte. Sie war wie er Lenkerin (*niyantrī*) und Herrin (*īśvarī*) von allem und *śeṣī* allen nichtgöttlichen Seienden so wie er.[334] Sie war die geliebte Gattin des Gottes und Mutter der Welt, und wenn die hier vertretene Interpretation von Varadagurus Text richtig ist, hat Varadaguru die gegen-

---

[333] Lediglich bei Śrīrāmamiśra scheint ein solches Verständnis der Göttin impliziert oder jedenfalls nicht ausgeschlossen zu sein. Vgl. oben pp. 13 und 21ff.

[334] Vgl. PraP 6, 7: *niyantrī ca katheśvarī*; *ibid.* 6, 9: *sarveṣām īśvarī vallabhā mama*; *ibid.* 6, 10: *asyā mama ca śeṣaṃ hi vibhūtir ubhayātmikā*; *ibid.* 6, 26: *aśeṣajagadīśitrīṃ vande varadavallabhām*; und oben pp. 32-41 und 89.

seitige Durchdringung von Gott und Göttin unter Verwendung von Gedanken des Lakṣmītantra ontologisch auch als sich gegenseitig bedingende Verwirklichungen des göttlichen Seins (vgl. *aham – ahaṃtā*) verstanden.[335] Auffallend ist, daß Varadaguru und mit ihm die spätere Tradition trotz des im Lakṣmītantram wohl advaitisch-evolutionistisch gedachten Verhältnisses von Gott und Göttin daran festhält, daß beide in ihrer „relationalen Einheit“ dennoch eigenständige Wesenheiten sind und nicht als Phänomene einer innergöttlichen Seinsstruktur des Gottes mißverstanden werden dürfen,[336] was zweifelsohne einfacher zu denken gewesen wäre. Es scheint, daß die Relationalität des Seins für Varadaguru und seine Tradition im eigentlichen Sinne nur zwischen eigenständig seienden Wesen denkbar war, deren Eigenwirklichkeit (*svabhāvaḥ*) nicht aufgegeben werden durfte.[337]

Indem die Göttin in ihrer Beziehung zur Welt dem Gott in dieser Weise gleichgestellt wurde und so beide die eine göttliche Wirklichkeit bildeten, war diese göttliche Wirklichkeit nicht nur zur Welt, sondern auch und vor allem in sich selbst relational geworden. Rāmānuja hatte die Relationalität des göttlichen Seins in Hinblick auf seine „Körper“-Definition erstmals in seinem Vedārthasaṃgrahaḥ begrifflich klar zum Ausdruck gebracht: „Eben dies ist die Beziehung von Ātmā und Körper, [nämlich] die Beziehung von Tragendem und zu Tragendem, die beide getrennt nicht vorkommen können, die Beziehung von Lenkendem und zu Lenkendem [und] die Beziehung von ‘Rest’ und ‘Rest’-Habendem. Ātmā ist [das eine Relationsglied], sofern er als seinem ganzen Wesen nach Tragendes, Lenkendes und ‘Rest’-Habendes Besitz ergreift[338]. [Jener] Aspekt, der als seinem ganzen Wesen nach zu Tragendes, zu Lenkendes und ‘Rest’-Seiendes getrennt nicht vorkommender Modus [des Ātmā] ist, wird [sein] ‘Körper’ genannt.“[339] Die Relationalität des

---

335 Siehe oben pp. 38ff.

336 Vgl. auch CŚBh p. 4, 3: *sattādiśabdās tv asyāṃ bhagavadantaraṅgaviśeṣaṇatvādyabhiprāyāḥ* usw. und oben pp. 89ff.

337 Man ist versucht, in diesem Zusammenhang an die christliche Lehre von der Dreifaltigkeit Gottes zu denken, in der ein analoger Gedanke faßbar ist.

338 *āpnoti*, Etymologie des Wortes *ātman* in Niruktam 3, 15.

339 VedS 114, 1-4: *ayam eva cātmaśarīrabhāvaḥ pṛthaksiddhyanarhādhārādheyabhāvo niyantṛniyāmyabhāvaḥ śeṣaśeṣibhāvaś ca. sarvātmanādhāratayā*

Brahma, die in dieser realen Beziehung zur Welt konkret wird, macht einerseits zwar die ontologische Differenz zwischen dem Brahma und dem Seienden der Welt sichtbar, ist aber andererseits gerade dadurch begrifflich-ontologischer Ausdruck dessen, daß der Gott Viṣṇu-Nārāyaṇa sich als Schöpfer, Erhalter und Vernichter der Welt zu ihr wirkend verhält und so in seinem Sein relational sein muß.

Durch die neue „relationale Einheit" von Gott und Göttin im Gegenüber zur Welt wurde die Relationalität des als Gott verstandenen Brahma zu einer Beziehung zwischem den diese Einheit konstituierenden göttlichen Wesen und so zu einer im engeren Sinne „innergöttlichen" Relationalität, die ontologisch jener von Rāmānuja definierten „Relationalität" des Brahma zur Welt apriori vorgelagert ist und so die Relationalität des Brahma zur Welt als innere Bestimmung des göttlichen Seins erst eigentlich verstehbar macht, ist sie doch vor jeder Beziehung Gottes zur Welt bereits in der „relationalen Einheit" der göttlichen Wirklichkeit aktuell gegeben. Damit kann man zufolge dieser Differenzierung der Brahma-Theologie der Schule erst von einer Theologie der Śrīvaiṣṇava-Tradition im eigentlichen Sinne sprechen, da die Göttin nicht mehr nur mythologisch geglaubte Gattin der Gottes ist, sondern als konstitutives Element der göttlichen Wirklichkeit selbst Gegenstand dieser Theologie geworden ist.

Rückblickend auf die Zeit, in der diese Studie zur Theologie der Göttin entstanden ist, kann der Verfasser nur dankbar sein, daß es ihm möglich war, einen weiteren Horizont in der Geschichte der Rāmānuja-Schule freizulegen, und er von neuem einen Einblick in das religiöse Denken Indiens gewinnen konnte. Zu danken hat er in diesem Zusammenhang im Besonderen auch für die Hilfe und Unterstützung, die ihm bei der Herstellung des Druckmanuskriptes in selbstloser Weise zuteil wurde: Frau Alexandra Böckle für das mühevolle Eingeben der Arbeit in den Computer, seiner Schülerin und

---

niyantṛtayā śeṣitayā cāpnotīty ātmā sarvātmanādheyatayā niyāmyatayā śeṣatayā cāpṛthaksiddhaṃ prakārabhūtam ity ākāraḥ śarīram iti cocyate. Vgl. auch G. OBERHAMMER, Die Relationalität des Brahma bei Rāmānuja. *Wiener Zeitschrift für die Kunde Südasiens* 53 (1999), pp. 199ff.

Mitarbeiterin Dr. Marion Rastelli für die Sorgfalt und Geduld, mit der sie die immer wieder vorgenommenen Verbesserungen in den Text eingearbeitet und Zitate und Verweise überprüft hat, nicht zuletzt Herrn Mag. Himal Trikha für das sachgerechte Layout und das Erstellen des Stellenindex. Ihnen und der Österreichischen Akademie der Wissenschaften, die die Arbeit zum Druck angenommen hat, ist es zu verdanken, daß dieser weitere Teil der „Materialien zur Geschichte der Rāmānuja-Schule“ veröffentlicht werden konnte.

Stellenindex

Ahirbudhnyasaṃhitā (AhirS)

Āpastambīyadharmasūtram

Atharvaśirasupaniṣad

Bhagavadgītā (BhG)

Brahmasūtrabhāṣyam des Bhāskara (BhBrSūBh)

Brahmasūtram (BrSū)

Catuḥślokī des Yāmuna (CŚ)

Catuḥślokībhāṣyam des Veṅkaṭanātha (CŚBh)

Gītābhāṣyam des Rāmānuja (RGbh)

Itihāsasamuccayaḥ

Kanakadhārāstotram (KaSt)

Lakṣmīsahasranāma

Lakṣmītantra (LT)

Mīmāṃsāsūtra (MīSū)

Muṇḍakopaniṣad (MuṇḍU)

Nayadyumaṇiḥ des Meghanādārisūri (NDy)

Niruktam

Nyāyasiddhāñjanam des Veṅkaṭanātha (NySiddh)

Nyāyasiddhāñjanavyākhyā des Śrīraṅgarāmānuja (NySiddhV)

Paramasaṃhitā (ParS)

Prapannapārijātam des Vatsyavaradaguru (PraP)

Rāmāyaṇam

Ratnapeṭikā des Kṛṣṇatātācārya (RP)

Śaraṇāgatigadyam des Rāmānuja (ŚarG)

Sarvārthasiddhiḥ des Veṅkaṭanātha (SarvSiddh)

Śrībhāṣyam des Rāmānuja (Śrībh)

Stotraratnabhāṣyam des Veṅkaṭanātha (StRbh)

Śvetāśvataropaniṣad (ŚvetU)

Taittirīyāraṇyakam (TaitĀ)

Taittirīyasaṃhitā (TaitS)

Taittirīyopaniṣad (TaitU)

Tātparyacandrikā des Veṅkaṭanātha (TC)

Vedārthasaṃgrahaḥ des Rāmānuja (VedS)

Viṣṇucittīyam des Viṣṇucitta (ViC)

Viṣṇupurāṇam (ViP)

Viṣṇusmṛtiḥ (ViS)

Gerhard OBERHAMMER – Marion RASTELLI

Studies in Hinduism III

Pāñcarātra und Viśiṣṭādvaitavedānta

2002
152 Seiten, 24x15cm, broschiert, Sitzungsberichte der philosophisch-historischen Klasse 694, Beiträge zur Kultur- und Geistesgeschichte Asiens 40

ISBN 3-7001-3065-1
€ 36,50

Gerhard OBERHAMMER
war Professor für Indologie der Universität Wien und Direktor des Instituts für Kultur- und Geistesgeschichte Asiens der Österreichischen Akademie der Wissenschaften

Marion RASTELLI
ist Mitarbeiterin am Institut für Kultur- und Geistesgeschichte Asiens der Österreichischen Akademie der Wissenschaften, Wien

Der Sammelband schließt sich mit Arbeiten zu den religiösen Traditionen des Pāñcarātra und des Viśiṣṭādvaitavedānta thematisch an die ersten beiden Bände „Studies in Hinduism“ I und II, die sich dem Verhältnis zwischen den vedischen und den hinduistischen Religionen bzw. dem Phänomen des Tantra widmen.
Die ersten drei Beiträge des vorliegenden Bandes befassen sich mit der textlichen Überlieferung des Pāñcarātra. M. RASTELLI zeigt anhand des Beispieles des für die Verehrung Gottes verwendeten Thrones *(āsana)* die Art und Weise, auf welche der Text der Pārameśvarasaṃhitā aus früheren Pāñcarātra-Werken kompiliert wurde. M. CZERNIAK-DROŻDŻOWICZ beschreibt die achtteilige religiöse Praxis eines Pāñcarātra-Anhängers, die ein strukturelles Element des Textes der Paramasaṃhitā bildet. In thematischer Nähe dazu steht die Arbeit von G. OBERHAMMER, die sich mit der Struktur und dem Inhalt des 24. Kapitels der Paramasaṃhitā befasst, welches die *vidvatpūjā*, „die von einem Weisen [vorgenommene] Verehrung“, beschreibt.
Die anderen drei Artikel sind der Tradition des Viśiṣṭādvaitavedānta gewidmet, die in ihrer historischen Entwicklung eng mit der des Pāñcarātra verbunden ist. G. OBERHAMMER behandelt Meghanādārisūris Lehre von der Göttin und deren ideengeschichtliche Einordung in die Rāmānuja-Schule. H. MARLEWICZ befasst sich mit der Polemik des Viśiṣṭādvaitavedānta gegen die advaitische *akhaṇḍavākyārtha*-Theorie. M. SCHMÜCKER stellt in seinem Beitrag die Kritik der Rāmānuja-Schule an der advaitischen Lehre von der Wahrnehmbarkeit des bloßen Seienden *(sanmātra)* dar.

Verlag der Österreichischen Akademie der Wissenschaften
A-1011 Wien, Postfach 471, Postgasse 7/4
Tel. +43-1-515 81/3402-3406, +43-1-512 9050, Fax +43-1-515 81/(3)400
http://verlag.oeaw.ac.at, e-mail: verlag@oeaw.ac.at